AF311536

VIE

DE

LOUIS RACINE,

MEMBRE DE L'ACADÉMIE DES INSCRIPTIONS ET BELLES-LETTRES,

SUIVIE D'UNE NOTICE

SUR LES AUTRES ENFANTS DE JEAN RACINE;

PAR

L'UN DE SES ARRIÈRE-PETITS-FILS,

L'ABBÉ ADRIEN DE LA ROQUE,

chanoine titulaire d'Autun.

BIBLIOTHÈQUE NATIONALE
R. F.
IMPR.

> *Hic interim liber, honori Agricolæ soceri mei destinatus, professione pietatis aut laudatus erit aut excusatus.*
>
> En attendant, ce livre consacré à la mémoire d'Agricola mon beau-père, trouvera dans le sentiment de piété filiale qui l'a dicté, ou sa recommandation ou son excuse.
>
> (TACITE, *Vie d'Agricola*, ch. III.)

DÉPÔT LÉGAL
Seine
1852

PARIS,

TYPOGRAPHIE DE FIRMIN DIDOT FRÈRES,

IMPRIMEURS DE L'INSTITUT DE FRANCE,

RUE JACOB, 56.

1852.

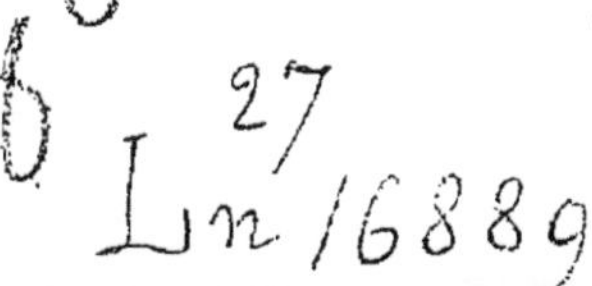
8°
27
Ln /16889

AVANT-PROPOS.

Louis Racine, accomplissant à la fois un devoir
et un acte de piété filiale, publia, en 1747, de précieux *Mémoires* sur la vie de son père, suivis des
lettres de ce dernier, qui voyaient le jour pour la
première fois. Animé de ce double sentiment, je
viens, juste un siècle après, rendre le même hommage à ce fils pieux, qui, héritier d'un grand nom,
a su, par une rare exception, en porter le poids
avec quelque gloire.

La *vie* de Louis Racine est destinée à compléter
et à clore le travail des biographes sur Racine et sa
famille. Petit-fils de Racine, possesseur de manuscrits héréditaires, et placé, par l'heureux hasard de
ma naissance, au confluent de plusieurs générations
dont les souvenirs embrassaient tout un siècle, j'ai
pu recueillir des traditions, que ma mémoire a religieusement conservées. Mais traditions et manus-

crits allaient subir les outrages du temps, qui emporte tout dans son cours, lorsque je me suis décidé à les placer sous la sauvegarde de la publicité, cette puissance de notre âge, qui rend impérissable la pensée humaine. Puissé-je n'avoir pas à regretter cette redoutable épreuve! puisse aussi le nom illustre qui apparaîtra souvent dans ces pages, et qui rappelle des souvenirs si glorieux et si doux, leur mériter un bienveillant accueil!

A. DE LA ROQUE.

VIE

DE

LOUIS RACINE.

PREMIÈRE PARTIE.

—

> Vous qui nous remplissez de vos douces manies,
> Poëtes enchanteurs, admirables génies :
> Virgile, qui d'Homère appris à nous charmer,
> Boileau, Corneille, *et toi que je n'ose nommer,*
> Vos esprits n'étaient-ils qu'étincelles légères,
> Que rapides clartés et vapeurs passagères ?
> Que ne puis-je prétendre à votre illustre sort,
> O vous dont les grands noms sont exempts de la mort !

(L. RACINE, poëme de la Religion, ch. II.)

Une vie toute vouée aux devoirs et aux affections de famille, à des travaux sans éclat, et à la pratique des humbles vertus du christianisme, n'a le privilége d'exciter ni une bien vive curiosité, ni un intérêt puissant. Au lieu d'événements retentissants, la *vie* qui va nous occuper n'offre de remarquable qu'une série d'ouvrages, fruits de rares loisirs, et apparaissant de distance en distance, comme pour marquer le cours paisible et régulier du temps. Encore ces ouvrages, malgré leur mérite incontestable, ne sont-ils pas de ceux que l'admiration universelle a consacrés, en les classant parmi les chefs-d'œuvre de l'esprit humain. Cependant cette existence simple et modeste, qui semble se dérober dans la foule, réveille de grands souvenirs et de profondes sympathies. Le prestige attaché à un nom dont la gloire ne périra jamais, l'éclat, à la vérité, plus tempéré, mais vif encore, dont il

I.

brille dans celui qui ne s'en est pas montré l'indigne héritier, et la triste destinée de ce nom qui va s'éteindre dans
un tombeau creusé par la douleur, répandront toujours un
noble et touchant intérêt sur la mémoire du fils de Racine.

Louis Racine, second fils de Jean Racine et de Catherine
de Romanet, naquit à Paris le 6 novembre 1692. Après
l'honneur d'avoir eu un tel père, est-il besoin de dire que
sa famille était noble, et avait occupé des emplois de finance
et de magistrature d'une certaine importance? Son trisaïeul,
Jean Racine, mort en 1593, et inhumé dans la principale
église de la Ferté-Milon, était receveur, pour le roi et la reine,
du duché de Valois. Cette charge ayant été supprimée à sa
mort, ses descendants exercèrent celle de contrôleur du
grenier à sel de la Ferté-Milon, avec le titre de conseiller du
roi [1]. Une circonstance qui n'est pas indigne de remarque,
c'est le singulier bonheur des *armes* des Racine, dans lesquelles figurait un cygne, emblème touchant et prophétique
des chants harmonieux qu'allaient faire entendre, en s'étei-
gnant, les dernières générations de cette illustre famille [2].

Louis Racine, qu'on appelait Lionval dans son enfance,

[1] Le grenier à sel était une juridiction établie pour juger en première
instance des contestations qui arrivaient au sujet des gabelles, de la dis-
tribution du sel et des droits du roi. L'appel des jugements qui s'y rendaient était porté à la cour des aides. Ce tribunal se composait d'un
président, d'un grenetier, d'un contrôleur, d'un lieutenant, d'un garde
des grandes et petites mesures, d'un avocat du roi, et d'un procureur
du roi.

[2] « Je vous écris, ma chère sœur, pour une affaire où vous pouvez
avoir intérêt aussi bien que moi, et sur laquelle je vous supplie de m'é-
clairer le plus tôt que vous pourrez. Vous savez qu'il y a un édit qui
oblige tous ceux qui ont ou qui veulent avoir des armoiries sur leurs
vaisselles ou ailleurs, de donner pour cela une somme qui va tout au plus
à vingt-cinq francs, et de déclarer quelles sont leurs armoiries. Je sais
que celles de notre famille sont un *rat* et un *cygne*, dont j'avais seulement gardé le cygne, parce que le rat me choquait; mais je ne sais point
quelles sont les couleurs du chevron sur lequel grimpe le rat, ni les couleurs aussi de tout le fond de l'écusson, et vous me ferez un grand plaisir
de m'en instruire. Je crois que vous trouverez nos armes peintes aux
vitres de la maison que mon grand-père fit bâtir, et qu'il vendit à M. de
la Clef. J'ai ouï dire aussi à mon oncle Racine qu'elles étaient peintes aux
vitres de quelque église. Priez M. Rivière, de ma part, de s'en mettre en
peine, et de demander à mon oncle ce qu'il en sait; et, de mon côté, je

était si jeune lorsqu'il perdit son père, qu'il n'avait pas même conservé le souvenir de ses traits. Mais celui de sa tendresse et de ses bontés avait fait sur son cœur une impression que les années n'avaient pu affaiblir. Près d'un demi-siècle après, arrivé lui-même au déclin de la vie, il racontait avec une pieuse émotion à son fils que cet homme, aussi grand par la simplicité que par son génie, se plaisait à se mêler à leurs jeux enfantins, jusqu'à faire des processions avec eux; mais sa gloire le suivait partout. Dans ces touchantes imitations des cérémonies catholiques, Lionval faisait les fonctions de curé, ses sœurs représentaient le clergé, tandis que l'auteur d'*Athalie* et de tant de chefs-d'œuvre, chantant avec eux, portait la croix.

Lionval ne devait pas connaître longtemps le bonheur de posséder un tel père; et celui qui avait si bien su goûter toutes les douceurs de la famille allait être ravi à la sienne par une fin aussi triste qu'imprévue. Un mal douloureux, aigri encore par la cruelle pensée d'avoir encouru la disgrâce de son roi, entraînait, avant le temps, dans la tombe le trop sensible Racine. Pendant cette lutte suprême où tout souffrait en lui, l'âme et le corps, Lionval lui faisait de simples et édifiantes lectures, qui avaient l'avantage de développer la raison de l'enfant, tout en nourrissant la piété de l'illustre malade. Celui-ci les accompagnait de pieux avis que son fils n'oublia jamais; car *sa vie tout entière a été*, selon l'heureuse pensée de Lebeau, *une continuation des dernières années de son père* [1]. On peut juger, par quelques mots d'une lettre de

vous manderai le parti que j'aurai pris là-dessus. J'ai aussi quelque souvenir d'avoir ouï dire que feu notre grand-père avait fait un procès au peintre qui avait peint les vitres de la maison, à cause que ce peintre, au lieu du rat, avait peint un sanglier. Je voudrais bien que ce fût en effet un sanglier, ou la hure d'un sanglier, qui fût à la place de ce vilain rat. J'attends de vos nouvelles pour me déterminer, et pour porter mon argent; ce que je suis obligé de faire le plus tôt que je pourrai. »

(Lettre de J. Racine à mademoiselle Rivière, sa sœur,
en date du 16 janvier 1697.)

[1] *Éloge de Louis Racine*, par Lebeau, secrétaire perpétuel de l'Académie des inscriptions et belles-lettres.

Jean Racine, de la grande place que les habitudes sociales du dix-septième siècle avaient faite à la religion, et de la rigueur avec laquelle ses lois s'observaient dans la plupart des familles, et surtout dans celle de ce grand poëte. « Madelon « et Lionval sont un peu incommodés, écrivait-il à son fils « aîné, et je ne sais s'il ne faudra point leur faire rompre le « carême. J'en étais assez d'avis; mais votre mère croit que « cela n'est pas nécessaire. » Il s'agissait cependant de deux enfants, dont l'un avait moins de dix ans, et l'autre, cinq et demi seulement.

Racine, peu de temps avant sa mort, avait prié Rollin de veiller à l'éducation de son second fils, qui, dans un âge encore bien tendre, annonçait d'heureuses dispositions. Sa veuve, pour se conformer à ses dernières intentions, confia donc, aux soins de ce célèbre instituteur de la jeunesse, Lionval, que nous n'appellerons plus que Louis à l'avenir; et c'est sous un tel Mentor qu'il fit ses études au collége de Beauvais. Il y reçut aussi les leçons de Mésenguy, savant et pieux ecclésiastique, mais qui cherchait trop à faire partager à ses élèves des préoccupations religieuses auxquelles ils auraient dû rester étrangers. Coffin, qui devait un jour succéder à Rollin, apprenait déjà sous ce maître habile l'art difficile d'élever la jeunesse, et figurait parmi cette élite de professeurs, gloire de l'ancienne université de Paris.

Boileau vivait encore à cette époque : accablé sous le poids des années et surtout des infirmités, qui chez lui avaient devancé l'âge, il ne recevait plus qu'un petit nombre d'amis dans la retraite qu'il s'était faite, soit à Paris, soit à Auteuil. Le fils de celui dont l'amitié avait fait une partie de sa gloire était toujours sûr d'en être bien accueilli; et le vieux poëte, si bon et si bienveillant dans les relations de la vie privée [1], portait la complaisance pour un jeune écolier jusqu'à jouer aux quilles avec lui. Il excellait, du reste, à ce jeu, et souvent il lui arrivait de les abattre toutes d'un seul coup. « Il

---

[1] Madame de Sévigné disait à Despréaux qu'il était tendre en prose et cruel en vers. (*Lettre* du 15 décembre 1675, *à madame de Grignan.*)

« faut avouer, disait-il à ce sujet, que j'ai deux grands talents
« aussi utiles l'un que l'autre à la société et à l'État : l'un, de
« bien jouer aux quilles ; l'autre, de bien faire des vers. » Une
fois cependant, une seule fois, leurs relations eurent un caractère moins affectueux et plus solennel, et voici à quelle occasion. Le jeune Louis, alors en philosophie, avait fait douze
vers français, pour déplorer la triste destinée d'un chien
qui avait servi aux leçons d'anatomie qu'on donnait au collége. Ces premiers fruits de sa muse causèrent de vives
alarmes à son excellente mère, qui avait souvent entendu
parler du danger de la passion des vers, danger contre lequel
Racine avait cherché à prémunir ses enfants. Elle courut aussitôt chez Boileau porter le corps du délit, et le supplier de
joindre ses remontrances aux siennes. Louis eut ordre d'aller
les recevoir ; il obéit en tremblant comme un grand coupable,
et l'accueil froid et sévère que lui fit Boileau n'était pas propre
à le rassurer. Après lui avoir dit que la pièce qu'on lui avait
montrée était trop peu de chose pour lui faire connaître s'il
avait quelque génie, son redoutable juge ajouta : « Il faut
« que vous soyez bien hardi pour oser faire des vers avec le
« nom que vous portez ! Ce n'est pas que je regarde comme
« impossible que vous deveniez un jour capable d'en faire de
« bons, mais je me méfie de ce qui est sans exemple ; et, depuis
« que le monde est monde, on n'a pas vu de grand poëte fils
« d'un grand poëte. Le cadet de Corneille n'était point tout à
« fait sans génie : il ne sera jamais cependant que le très-pe-
« tit Corneille. Prenez bien garde qu'il ne vous en arrive au-
« tant ! Pourrez-vous d'ailleurs vous dispenser de vous atta-
« cher à quelque occupation lucrative ? et croyez-vous que
« celle des lettres en soit une ? Vous êtes le fils d'un homme,
« qui a été le plus grand poëte de son siècle, et d'un siècle où
« le prince et les ministres allaient au-devant du mérite pour
« le récompenser : vous devez mieux savoir qu'un autre à
« quelle fortune conduisent les vers. » Ce sermon, comme
l'appelait Louis, ou plutôt ces conseils dictés par une haute et
sévère raison, ne purent triompher de son penchant pour la

poésie. Il continua de s'y livrer, mais avec plus de mystère,
pour ne pas chagriner sa tendre et prévoyante mère ; et par
ce moyen les apparences furent sauvées. C'était, si l'on peut
s'exprimer ainsi, le chant du cygne que Louis Racine venait
d'entendre ; car le fidèle ami de son père était sur le point
d'aller se réunir à lui dans l'éternel repos. Le 14 mars 1711,
un nombreux cortége, dont Louis faisait partie, accompagnait
respectueusement la dépouille mortelle de Boileau ; ce cortége conduisait en quelque sorte le deuil du *grand siècle*,
dans la personne d'un de ses derniers et de ses plus illustres
représentants.

Au sortir du collége de Beauvais, L. Racine se livra à
l'étude du droit, et se fit recevoir avocat. Mais ne se sentant aucun goût pour cette profession, et se croyant appelé,
au contraire, à un genre de vie plus austère, il prit l'habit
ecclésiastique, et se retira chez les pères de l'Oratoire de
Notre-Dame des Vertus, où il passa trois ans. C'est pendant
les loisirs de cette longue retraite que la lecture du poëme
de saint Prosper contre les *Ingrats*, c'est-à-dire contre ceux
qui se montraient *ingrats* envers la grâce de Jésus-Christ,
lui inspira l'idée de composer, à son tour, un poëme sur la
Grâce. Sa remarquable facilité à mettre en vers les matières
les plus ardues, et les moins propres à revêtir les ornements
de la poésie, lui fit affronter avec plaisir un sujet qui occu-
pait alors les esprits les plus éminents et partageait la société.

Les disputes théologiques sur la grâce étaient devenues,
comme au cinquième siècle, la grande affaire intellectuelle
de l'Église et même du monde élégant. Des femmes brillantes
prenaient parti dans la mêlée, et ces nouveautés religieuses
avaient en quelque sorte pour elles l'attrait et le charme de
la mode. Notre âge, qui n'a que de l'indifférence pour des
questions qui ont excité des émotions si vives, s'étonne
qu'elles aient à ce point passionné nos pères. Mais gardons-
nous de nous croire plus sages, parce que nous ne voyons pas
les objets à travers le même prisme qu'eux ! A ces questions
éteintes, d'autres ont succédé ; car, à toutes les époques, l'es-

prit humain s'est choisi des champs de bataille sur lesquels il combat à outrance, jusqu'à ce que le souffle du temps vienne à son tour détruire l'œuvre des passions. Il n'y a que la vérité seule qui demeure éternellement.

Malgré le désir de L. Racine d'éviter, en traitant une matière aussi délicate que la grâce, tout ce qui pourrait réveiller le souvenir de querelles déplorables, il ne put y réussir entièrement, et son ouvrage lui suscita quelques ennemis dans le clergé. S'il n'a pas toujours concilié l'expression poétique avec l'exactitude théologique, il faut moins l'attribuer aux opinions personnelles de l'auteur qu'à l'influence qu'exerçait à son insu, sur son langage, ses relations intimes avec des hommes de l'école de Port-Royal, et les souvenirs de son éducation. Peut-être ces erreurs, que désavouait sa vie, lui ont-elles été quelquefois reprochées avec trop de dureté. Louis Racine a professé constamment, à l'exemple de son illustre père, une soumission sans bornes aux vérités de la religion et à l'autorité de l'Église. Rien ne montre mieux la droiture et la pureté de ses intentions, que les paroles qui accompagnaient l'hommage qu'il fit, dans la suite, des poëmes de la *Grâce* et de la *Religion* au pape Benoît XIV.

« Si dans ces deux poëmes, disait-il dans sa lettre à ce « savant pontife, il m'était échappé imprudemment quelques « termes qu'un si grand juge ne trouvât pas conformes à « l'exactitude théologique, je m'engage sans peine à effacer « d'une main prompte les vers même qui flatteraient le plus « mon amour-propre, s'ils avaient le malheur de déplaire à « Sa Sainteté. Ce n'est point une gloire profane que doit re- « chercher un chrétien : ma plus grande gloire est celle de « plaire au vicaire de Jésus-Christ, et de jeter mes couron- « nes, si j'en ai mérité quelques-unes, au pied de son trône. « Je n'ai rien, en effet, à souhaiter de plus avantageux pour « moi sur la terre, que l'approbation de celui qui, sur la terre, « tient la place de ce divin époux de l'Église que j'ai célébré « dans mes vers. » Cette approbation ne lui manqua pas; et l'un des pontifes les plus éclairés qui se soient assis sur la chaire de saint Pierre lui en fit donner les témoignages les plus flatteurs par le cardinal de Gonzague [1].

Le nom que portait L. Racine, l'espérance de voir le rare phénomène du fils d'un grand poëte marchant sur les traces de son père, le mirent, ainsi que son poëme de la *Grâce*, fort à la mode. Le désir qu'on lui témoignait de tout côté d'en entendre la lecture l'ayant souvent conduit dans le grand monde, il y perdit, avec le goût de la retraite, celui de l'état ecclésiastique. L. Racine cessa alors d'en porter l'habit, mais il ne fit toutefois que changer de retraite. Celle qui le reçut en sortant de l'Oratoire était embellie par la science, la vertu et un beau caractère, réunis dans la personne du chancelier d'Aguesseau, exilé alors à sa terre de Fresne. Ce grand magistrat y expiait le tort glorieux d'avoir fait une courageuse opposition à tous ces projets extravagants, connus sous le nom de *système de Law*, dans lesquels sa rigide équité ne voyait que ruine pour la France et déshonneur pour son gouvernement.

C'est à son poëme, et au souvenir de l'étroite et ancienne

---

[1] *Lettre de S. Em. le cardinal Valenti de Gonzague, écrite de la part du pape Benoît XIV à Louis Racine.*

« Le souverain pontife a reçu avec joie, monsieur, l'hommage littéraire que vous lui avez rendu, en lui envoyant deux volumes, dont le premier contient la cinquième édition de vos ouvrages poétiques, et le second, plein de judicieuses réflexions sur la poésie, fait connaître la délicatesse de votre goût sur cette matière. Votre présent a été si agréable à Sa Sainteté, qu'elle m'a ordonné de vous faire une seconde fois des remercîments de sa part, et de vous donner de nouvelles preuves de l'estime qu'elle fait de cette érudition. Votre nom et vos vers, toutes les fois qu'ils paraissent à ses yeux, lui rappellent, avec l'idée du fils, le souvenir d'un père qui a fait tant d'honneur à la poésie, et dont la gloire, supérieure à l'envie pendant qu'il vivait, ne pourra jamais, après sa mort, être effacée par l'oubli. Je vous réitère donc les mêmes assurances que je vous ai déjà données de la bienveillance du souverain pontife ; et, chargé de vous transmettre sa bénédiction apostolique, je prie Dieu de vous protéger en tout.

« A Rome, le 29 juillet 1747.

« Le card. VALENTI. »

Louis Racine avait déjà reçu du même cardinal deux autres lettres aussi flatteuses.

liaison qui avait existé jadis entre son père et le chancelier,
que L. Racine dut l'honneur de devenir l'hôte de cet illustre
personnage. D'Aguesseau le retint auprès de lui par ses bontés jusqu'à la fin de son premier exil, qui cessa en 1720,
lorsque les désastres qu'il n'avait que trop prévus firent désirer son retour aux affaires. Environ deux ans après, le
chancelier ayant reçu pour la seconde fois l'ordre de retourner à Fresne, L. Racine, toujours fidèle à la reconnaissance et
au malheur, lui écrivit qu'il se regardait lui aussi comme exilé,
et se disposait à aller le rejoindre. Voici la réponse qu'une
démarche si honorable lui valut ; elle est trop flatteuse pour
ne pas trouver sa place ici : « Je m'attendais bien, monsieur,
« à vous revoir ici avec la disgrâce ; vous marchez volon-
« tiers à sa suite, et je vous mets au nombre des biens qui
« l'accompagnent, ou plutôt qui la font oublier. Ne louez
« point la tranquillité que je conserve à Fresne ; vous ne sa-
« vez pas comment j'y suis quand vous n'y êtes pas. »

Pour mieux apprécier le mérite de cette généreuse démarche, il est bon de savoir que les amis de L. Racine sollicitaient
alors pour lui un emploi important, que sa position de fortune lui rendait fort nécessaire. Il faut convenir qu'il s'y
prenait bien mal pour faire sa cour au pouvoir et seconder
le zèle de ses protecteurs.

C'est à ce second exil du chancelier que se rapporte un
épisode très-peu connu de la jeunesse de L. Racine, épisode
auquel les faits qui précèdent n'ont guère préparé le lecteur.
En s'associant volontairement, comme on vient de le voir, à
une illustre disgrâce, il ne compromettait pas seulement son
avenir, mais il faisait encore un de ces sacrifices qui, dans
l'âge des illusions, coûtent beaucoup plus que celui de l'intérêt et de l'ambition. Paris, en un mot, le retenait par les
plus puissants et les plus doux liens ; car il y goûtait tous les
charmes d'une passion naissante et partagée. La *correspondance inédite du chancelier d'Aguesseau*, publiée il y a peu
d'années, a, pour la première fois, soulevé le voile discret qui
couvrait, sans la ternir, cette partie de la vie de L. Racine.

Pourrait-on s'étonner de découvrir, sous les pas du fils de
l'auteur d'*Andromaque*, quelques traces légères d'un tendre
sentiment qui était certainement irréprochable, puisqu'il ne
craignait pas de prendre pour confident l'homme qui eût le
moins pardonné une infraction aux lois sévères de la morale?
La lettre de d'Aguesseau, en réponse à ce naïf aveu, respire
une fine ironie. Elle laisse assez comprendre que la passion
qui charmait L. Racine avait perdu toute espèce de poésie
aux yeux du grave magistrat, qui voyait alors, de loin et de
haut, les erreurs et les décevantes illusions de la jeunesse.

« Vous y apporterez (à Fresne), lui mande-t-il, un nouveau
« mérite en cette occasion, par la préférence que vous lui don-
« nerez sur une passion naissante; c'est une circonstance dont
« madame la chancelière sera fort touchée. Je doute même que
« madame de Chastellux, quoique peu prévenue en votre faveur,
« puisse lui refuser son admiration. Je me garderai bien de lui
« dire que vous croyez faire votre cour à votre maîtresse [1] en la
« quittant, et lui faire voir par là que vous êtes capable d'aimer.
« Madame de Chastellux ne manquerait pas d'abuser de cette
« raison, par le goût qu'elle a pour découvrir le faible des vertus
« humaines. Votre secret demeurera donc, s'il vous plaît, entre
« votre maîtresse et moi. Vous ne devez pas y avoir de regret,
« parce que peu de personnes seraient tentées de vous imiter, s'il
« était plus connu; et vous ne devez pas craindre d'avoir des
« rivaux qui sachent porter si loin la délicatesse en amour. . . . .
. . . .
« Vous redoublez les vœux que j'aurais faits sans intérêt pour
« la santé de mademoiselle votre sœur, puisque c'est de sa gué-
« rison que vous faites dépendre avec raison votre départ pour
« Fresne. Vous me faites d'ailleurs de si grands sacrifices, que je
« ne me flatte point quand je crois vous voir bientôt ici, libre de
« toute inquiétude, au-dessus des revers de la fortune, au-dessus
« même des faiblesses de l'amour, et disant, en dépit de Properce :

---

[1] Ce mot, que la pruderie du langage moderne ne permet plus de prendre en bonne part, s'appliquait alors sans inconvenance à une personne
honnête qu'on recherchait en mariage. Il conservait certainement ce sens
sous la plume du chancelier d'Aguesseau.

« *Propter amicitiam nunc violandus amor.* Je vous y attends avec
« une véritable impatience [1].

Ce fut cette liaison fort innocente, mais malignement inter-
prétée, qui fit sans doute planer sur L. Racine le soupçon de
certaines fragilités, soupçon auquel sa jeunesse studieuse et
grave avait échappé jusqu'alors. Des bruits fâcheux en cou-
rurent, qui, propagés par la malveillance ou la légèreté, arri-
vèrent jusqu'à Fresne, dont les illustres hôtes avaient le droit
de se montrer sévères sur un point si délicat. Le chancelier
se crût obligé, par amitié pour L. Racine, de le prévenir de
ce qui se passait, et de lui adresser en même temps de pater-
nelles remontrances. Elles furent reçues avec respect ; mais
on se défendit avec la vivacité que donne à une âme droite,
et encore ignorante des secrets de la vie, le sentiment de
l'innocence et celui de l'injustice. Au reste, la justification
fut complète. Ce léger nuage s'évanouit sans laisser de trace ;
et les portes de Fresne, ou plutôt le noble cœur de d'Aguesseau se rouvrit de nouveau pour L. Racine, qui ne redoutait
rien tant que de s'en voir banni. La lettre suivante, destinée
à sceller une réconciliation ardemment désirée, fera bien
juger des sentiments du chancelier, et en particulier de cette
adorable bonté, le plus bel apanage de la grandeur, qu'il
portait dans les relations privées. Aussi lui fut-il donné de
goûter toutes les douceurs de la société, que Bossuet appelle
si justement *le plus grand bien de la vie humaine* [2].

« A Fresne, le 16 août 1722.

« A de moindres fureurs je n'ai pas dû m'attendre.

(*Iphigénie,* acte IV, sc. v.)

« Non, votre sensibilité ne me surprend point, monsieur ; je
« serais bien surpris, au contraire, si vous en aviez moins quand

[1] *Lettres inédites du chancelier d'Aguesseau, publiées par M. Rives,
directeur des affaires criminelles et des grâces au département de la
justice;* Paris, 1823, de l'Imprimerie royale.
[2] Oraison funèbre du grand Condé.

« on vous attaque sur les mœurs. Il y a longtemps que je sais que
« votre réputation vous est plus chère que votre fortune, et ce
« sont ces sentiments que j'ai estimés encore plus en vous que vos
« talents. Ne craignez donc aucun changement de ma part; votre
« vivacité ne m'édifie pas seulement, je connais trop votre ca-
« ractère pour ne pas ajouter qu'elle vous justifie pleinement.
« Il a couru de mauvais bruits sur votre sujet, ils sont venus
« jusqu'ici. La vertu la plus pure est souvent celle qu'on épargne
« le moins; elle a contre elle, comme le disait un bel esprit de
« nos jours, la cabale des sept péchés capitaux. Je soupçonne
« pourtant plus de légèreté que d'envie ou de calomnie dans ceux
« qui ont parlé contre vous. On a confondu tous les temps, et
« l'on vous a rajeuni de plusieurs années, pour vous rendre
« coupable ou vous faire paraître tel dans le temps présent. On
« réunissait tant de circonstances, que j'ai cru à la fin devoir vous
« en avertir; l'amitié exigeait de moi cette démarche; et il n'est
« pas nécessaire de croire tout ce qu'on dit contre ses amis pour
« leur en faire part. Votre vertu s'est émue avec raison; vous
« vous justifiez comme je vous justifiais par avance dans mon
« cœur : tout autre éclaircissement serait non-seulement inutile
« pour moi, mais injurieux pour vous. Vous êtes du nombre de
« ceux qui méritent d'en être crus sur leur parole quand ils as-
« surent qu'ils sont innocents, et je ferai volontiers pour vous ce
« que le peuple d'Athènes fit pour ce Grec qu'il empêcha de jurer,
« par la grande opinion qu'il avait de sa candeur et de sa sincé-
« rité. Venez donc à Fresne quand vous le pourrez et quand vous
« le voudrez; vous y trouverez tous les nuages dissipés, et l'air
« aussi serein que lorsque vous vouliez y disputer le pas aux Pères
« de l'Église [1]. Je serai ravi même que ce voyage puisse servir à
« confondre les mauvaises langues. Plût à Dieu que votre fortune
« fût aussi aisée à rétablir que votre réputation !

   « J'entre fort dans ce que M. de Verneuil me dit dernniè-
« rement qu'on voulait faire pour vous; nous en parlerons
« plus à fond quand vous serez ici. Venez-y au plus tôt, sans
« craindre que nos embrassements ne se passent encore en éclair-
« cissements. Rien ne peut me faire plus de plaisir que de vous

---

[1] Allusion à son poëme de la *Grâce*.

« trouver aussi digne que je l'ai toujours cru de l'amitié que j'ai
« pour vous, monsieur. »

P. S. (de la main de madame la chancelière.)

« Quoique la crédulité soit plutôt pardonnable aux femmes
« qu'aux hommes, j'ai bien envie que vous ne me croyiez pas
« coupable, monsieur, de ce défaut. Je vous assure que je l'ai
« poussée tout au plus à vous croire capable de facilité ; mais je
« rends justice à votre cœur et à vos sentiments, dont j'ai trop
« reconnu la droiture pour pouvoir vous soupçonner. Je ne sais
« ce qu'on avait pu vous dire que j'avais dit ; mais, en tout cas, je
« n'ai parlé qu'à un de vos amis comme nous, et il doit vous avoir
« dit que c'était en plaignant votre sort, qui devrait être plus
« heureux, s'il répondait à ce que vous méritez [1]. »

Au milieu des mœurs faciles que nous a faites une civi-
lisation avancée, on ne peut s'empêcher de suivre avec un
vif intérêt de curiosité ce petit drame, où les personnages
apparaissent dans un jour nouveau et tout à fait inattendu.
Si les rôles qu'ils y jouent accidentellement semblent con-
traster avec les habitudes de leur vie et leur caractère connu,
ils contrastent d'une manière bien plus frappante avec les
idées qui régnaient dans la société de cette époque, société
indulgente et frivole, plutôt disposée à glorifier une faiblesse
qu'à la condamner ; car il ne faut pas oublier que la scène se
passe au sein de ces corruptions de la Régence, qui auraient
peut-être étonné Suétone. Mais ni d'Aguesseau ni L. Racine
n'appartenaient sous ce rapport à leur siècle : ils tenaient aux
âges passés par leurs vertus, et à des temps qui n'étaient pas encore par leurs aspirations et la noble indépendance de leur esprit.

Les lettres qui viennent d'être citées suffisent pour donner
une idée de l'affectueuse familiarité avec laquelle le chancelier traitait son jeune correspondant. Toutes sont écrites sur
ce ton aimable et gracieux ; et jusqu'à ses derniers jours d'A-
guesseau ne cessa de lui manifester le plus tendre intérêt.
On voit que dès cette époque L. Racine était l'hôte favori

[1] *Lettres inédites du chancelier d'Aguesseau.*

2.

de Fresne, et qu'à ce titre il était initié à mille détails d'intérieur qui témoignent de l'amitié qu'on lui portait, en même temps que de la patriarcale simplicité de l'illustre chancelier. Tant de bontés avaient profondément touché son cœur; aussi rien n'égalait la vivacité de ses sentiments envers un protecteur si bienveillant, et qui ne négligeait rien pour améliorer sa fortune et étendre sa renommée. En effet, d'Aguesseau ne se contentait pas de s'occuper de l'avenir de L. Racine, il voulait bien être encore le confident de ses travaux, et plus d'une fois les conseils de cet excellent juge lui firent modifier heureusement ses vers.

C'est ainsi que d'Aguesseau rendait au fils ce qu'il avait reçu du père; car on n'ignore pas que, dans les loisirs de sa brillante jeunesse, il se plaisait à cultiver la poésie sous les yeux du grand Racine. Il croyait alors sentir en lui la flamme qui inspire les poëtes, parce qu'il éprouvait une admiration vive et passionnée pour les chefs-d'œuvre que l'heureux génie de la France et le soleil fécond du dix-septième siècle faisaient éclore en foule. Quoi qu'il en soit, il avait conservé de ces occupations et de ces rapports le sentiment du beau, et nul ne pouvait mieux que lui le communiquer aux autres. La destinée du talent serait digne d'envie, si ses premiers pas trouvaient toujours pour guide et pour appui le mérite éminent, uni au crédit et à la fortune.

Après avoir assisté aux rapports publics et en quelque sorte officiels de d'Aguesseau et de L. Racine, il est curieux de surprendre, dans une correspondance intime, la pensée secrète du chancelier sur la personne et le talent de son jeune ami. Cette double appréciation se trouve dans une lettre adressée à Valincour. Elle est précieuse à recueillir pour le biographe, dont elle allége la tâche et éclaire la marche au milieu des obscurs sentiers du passé. Quoique cette lettre soit sans date, il sera facile au lecteur intelligent d'y suppléer.

« Je vous félicite, monsieur, d'avoir trouvé une occasion fa-
« vorable de vous défaire de votre charge de secrétaire du cabinet.

« Votre oracle approuve fort que l'on rompe tous les liens qui vous
« attachent à la cour, et elle ne fait grâce qu'à celle d'Astrée : ce
« n'est pas surprenant, depuis que, sur votre parole, elle croit
« être elle-même la déesse Astrée. Que dites-vous du jeune poëte
« que nous avons ici depuis plus de quinze jours, et qui n'a jamais
« voulu lui prêter sa muse pour vous répondre? Peut-être faut-il
« louer en cela sa prudence; mais la prudence n'est guère une
« vertu de poëte. Plus j'étudie son caractère, plus il me parait
« singulier; à le voir, à l'entendre parler, on ne se défierait jamais
« qu'il pût sortir de sa tête d'aussi beaux vers que les siens,
« *adeo ut plerique viso eo quærant famam, pauci interpretentur.*
« Cela me ferait presque croire qu'il y a effectivement une espèce
« d'inspiration et d'enthousiasme dans la composition qui élève
« l'âme au-dessus d'elle-même, par un effet à peu près semblable
« à cette musique des anciens, qui donnait du courage et de la
« valeur aux âmes les plus timides. L'harmonie des vers me pa-
« rait faire la même impression sur M. Racine : dès qu'il a la
« trompette à la main, il devient un homme différent :

> « Majorque videri,
> « Nec mortale sonans, afflata est numine quando
> « Jam propiore dei [1].

« Je ne sais s'il vous à lu le commencement d'un poëme qu'il
« médite sur les preuves de la vérité de la religion : je n'ai guère
« rien lu de plus noble en vers français, et je l'ai fort exhorté à
« suivre ce dessein, qui me parait susceptible de toute la magni-
« ficence et de tout le sublime de la poésie sacrée. Au reste, c'est
« un caractère d'esprit qui ne réussira jamais bien que dans le
« genre sérieux. . . . .
« . . . .
« . . . .
« Son génie ne le porte point à l'invention; il a peine à convenir
« que la fiction soit l'âme de la poésie, et je crois qu'il faut
« l'attacher à des ouvrages où il n'y ait rien à produire de lui-
« même, si ce n'est le tour et l'expression. Au surplus, c'est le

[1] Sa taille parait grandir et le son de sa voix n'a plus rien de mortel,
quand l'approche du dieu la remplit de l'enthousiasme prophétique.
(Virgile, *Énéide*, livre VI.)

« meilleur enfant et la plus douce nature que j'ai jamais connue;
« il mérite par là que tous ses amis l'aident et le soutiennent [1]. »

Enhardi par le succès qu'avait obtenu dans des cercles brillants le poëme de la *Grâce,* la gloire d'être poëte tragique souriait alors à la jeune imagination de L. Racine. Mais la difficulté d'obtenir un rang honorable après tant de beaux génies qui ont illustré la scène, les conseils de sages amis, et le souvenir des dégoûts que son père avait éprouvés, et auxquels il avait été bien plus sensible qu'à tous les applaudissements qu'il avait reçus, le retinrent sur cette pente séduisante et dangereuse. Voltaire, qui déjà montait à l'horizon, et qui allait l'illuminer de si vives clartés pendant plus d'un demi-siècle, avait adressé des vers à L. Racine pour saluer ses heureux débuts. Le poëte-philosophe l'exhortait aussi, de son côté, à choisir à l'avenir des sujets plus propres à inspirer sa muse, qu'un dogme chrétien d'une désolante et mystérieuse profondeur. Mais, en même temps que de prudentes considérations engageaient L. Racine à renoncer à l'idée de disputer le laurier tragique, un irrésistible penchant continuait à entraîner son âme religieuse vers les célestes sphères.

Louis Racine avait été admis à l'Académie des inscriptions et belles-lettres le 8 août 1719, n'étant guère âgé que de vingt-six ans. La protection du chancelier d'Aguesseau ainsi que le souvenir de son père, qui avait été un des fondateurs de cette académie, contribuèrent à lui faire obtenir cet honneur, justifié, du reste, par son mérite personnel; car on citait déjà son érudition et sa profonde connaissance des langues de l'antiquité. Quoique les statuts obligeassent tous les académiciens titulaires à résider à Paris, une faveur spéciale lui permit de conserver son titre pendant la longue absence que nécessita l'emploi de finance auquel il fut appelé bientôt après. Ni cette sorte d'exil qui dura plus de vingt-quatre ans, ni la nature de ses fonctions si peu littéraires, ne lui firent oublier ce qu'il devait à la science. Il lui payait

---

[1] *Œuvres du chancelier d'Aguesseau.*

fidèlement son tribut chaque année, en venant lire à l'Académie d'intéressants *mémoires* qui sont insérés dans le recueil de cette société savante. Il put se bercer un instant de l'espoir d'obtenir un nouvel honneur, le plus flatteur de tous ceux auxquels la gloire des lettres permet d'aspirer, un siége à l'Académie française, en un mot. Il y avait un zélé protecteur dans la personne de M. de Valincour, ancien ami de son père ; car Valincour n'oubliait pas dans la prospérité qu'il avait, à son tour, l'obligation à Racine de l'avoir désigné à madame de Montespan pour diriger l'éducation du jeune comte de Toulouse, son fils [1]. Le témoignage rendu par un si bon juge en faveur d'un homme dont le mérite était alors ignoré, le fit agréer pour un poste qui le conduisit bientôt à d'autres plus élevés ; et pendant plus de quarante ans il lui fut donné de jouir de toutes les faveurs de la fortune, sans en connaître un seul jour l'inconstance. Valincour, secondé par ceux des membres de l'Académie française qui étaient restés comme lui fidèles à la mémoire de Racine, se disposait à appuyer chaudement l'élection de Louis, qu'il aimait tendrement. Elle paraissait assurée par ses soins, lorsque l'opposition qu'y mit l'ancien évêque de Fréjus, depuis cardinal de Fleury, vint les rendre inutiles. Ce prélat sage et prudent, et surtout si ami de la paix, craignait d'éveiller les susceptibilités du clergé, et de ranimer des querelles mal éteintes, en favorisant l'élection d'un homme soupçonné de jansénisme. Il sut, du reste, colorer son refus de raisons dictées par la modération et la bienveillance qui faisaient le fond de son caractère, et conformes aussi, il faut le dire,

---

[1] Fontenelle, dans son *Éloge* de Valincour, attribue, contre toute vraisemblance, la fortune de cet académicien à Bossuet, qui n'y eut aucune part. Les *notes manuscrites* de Jean-Baptiste Racine entrent dans de grands détails sur les démarches de son père pour faire placer Valincour auprès du comte de Toulouse, et ne permettent aucun doute à cet égard. La conduite de Fontenelle, qui ne pouvait ignorer ce fait, s'explique très-bien, du reste, par le ressentiment qu'il avait gardé de la sanglante épigramme de Racine sur sa tragédie d'*Aspar*, et par le sentiment de jalousie qu'en sa qualité de neveu de Corneille, il nourrissait contre le rival de ce grand poëte.

aux véritables intérêts de celui qu'il voulait écarter. Il protesta que c'était par amitié pour L. Racine qu'il s'opposait à
son élection; qu'ayant trop peu de biens pour ne s'attacher
qu'aux lettres, il voulait l'arracher à des occupations stériles, et lui en procurer d'utiles. Jean Racine, en effet,
avait laissé plus de gloire que de richesses, et son modeste
patrimoine, partagé entre ses sept enfants, venait encore
d'être réduit de moitié par le fatal système de Law. Madame Racine, qui survivait à son époux, avait vu périr en
partie sa propre fortune dans ce grand désastre, et l'avenir
de sa nombreuse famille se trouvait ainsi doublement com-
promis.

En présence de ces circonstances critiques, de sages et
prévoyants amis engagèrent L. Racine à accepter les offres
de son protecteur pour un emploi de finance. Il se rendit à
leurs vœux, malgré sa répugnance pour des fonctions si op-
posées à ses goûts et à ses travaux habituels, et il quitta Paris
en 1722, avec le titre d'inspecteur général des fermes du roi
en Provence. Le nom qu'il portait, et son propre mérite déjà
connu, le faisaient ardemment désirer dans ces heureux cli-
mats où les feux du soleil semblent se communiquer aux
âmes, et où tout ce qui parle à l'imagination excite des sympathies si vives. Mais sa présence, hâtons-nous de l'avouer,
détruisit bien vite les illusions de ceux qui avaient cru voir
revivre en lui son père, dont il n'avait ni les séduisants dehors, ni l'esprit plein de charmes. Le lendemain même de son
arrivée, cette réputation qui l'avait devancé sur les bords de
la Méditerranée y faisait tristement naufrage. Ce jour-là, une
brillante soirée donnée en son honneur réunissait l'élite des
femmes aimables et spirituelles de Marseille; et le nombre
en était grand, dans une ville qui, restée fidèle à son origine,
a toujours vu fleurir dans son sein les lettres à côté du commerce. Toutes avaient un extrême désir de voir et d'entendre
le fils du grand Racine, poëte distingué lui-même. Mais, par
malheur pour la société, l'objet de tant de curiosité et d'un
empressement si flatteur ne s'en aperçut pas. Livré à une

distraction habituelle qui l'isolait au milieu du monde, il ne répondit aux plus gracieux compliments que *oui* et *non*, prenant même quelquefois l'un pour l'autre. Le désenchantement fut complet; dès ce moment on ne le regarda dans toute la province que comme un homme très-ordinaire, et il ne s'en aperçut pas davantage.

Les fonctions d'inspecteur général et celles de directeur des fermes le fixèrent tour à tour à Marseille, à Salins, à Moulins, à Lyon et à Soissons. Il passa quinze ans dans cette dernière ville, jusqu'au moment de sa retraite et de son retour définitif à Paris. Il était directeur des fermes à Moulins, lorsqu'il eut le bonheur d'épouser, le 1er mai 1728, Marie Presle de l'Écluse [1], fille d'un secrétaire du roi, dont la famille habitait

> L'opulente cité, la gloire de ces bords,
> Où la Saône enchantée à pas lents se promène,
> N'arrivant qu'à regret au Rhône qui l'entraîne.

C'est ainsi qu'il a décrit poétiquement, dans son poëme de la *Religion*, la ville de Lyon, qu'il aima toujours, par un souvenir reconnaissant des liens fortunés qu'il y avait contractés. La femme objet de son choix assura son avenir par sa fortune [2], et répandit un doux charme sur toute sa vie par son esprit distingué [3] et les plus attachantes qualités.

[1] Marie Presle de l'Écluse, fille de Pierre Presle de l'Écluse, seigneur de Cuzieu et d'Unias, conseiller et secrétaire du roi en la cour des monnaies de Lyon, l'un des échevins de la même ville dans les années 1709 et 1710, et de N. de Santilly.

[2] « Je ne sais, monsieur, si je vous ai mandé que M. Racine le fils, auteur du poëme de la *Grâce*, est établi à Lyon. J'appelle établissement un mariage avantageux qu'il y a fait, et la direction des gabelles à laquelle il a été nommé. Il vient d'achever un poëme sur la *Religion*, lequel m'a paru bien supérieur à celui de la *Grâce*. »

(*Lettre de Brossette à J. B. Rousseau*, du 6 sept. 1731.)

[3] Si l'opinion d'un mari n'était suspecte d'un peu de partialité, on pourrait citer la lettre suivante de L. Racine lui-même, adressée à sa femme :

« Comme je pars demain matin pour Villers-Cotterets, je ne vous écris que pour vous témoigner l'admiration que m'a causée une phrase de votre dernière lettre. Comme la réflexion ne vous l'a point dictée, mais le sentiment, vous pouvez l'avoir oubliée : c'est pourquoi je vous la rappelle

J. B. Rousseau parlant d'elle, dans une lettre à L. Racine,
s'exprimait ainsi : « L'impression que son mérite a faite sur
« mon esprit, est de la nature de celle que vous avez faite
« sur mon cœur [1]. » Une tendre intimité ne cessa de régner
entre des époux si bien assortis, pendant plus de trente
années que dura leur union. L. Racine fut, sous le rapport
des vertus domestiques, le fidèle imitateur de son père;
mais, plus étranger que lui aux distractions du monde, il ne
connut guère d'autres plaisirs que ceux du foyer de la famille :
il devait un jour, hélas! en connaître aussi les plus amers
chagrins !

Moulins, qu'il habita quelque temps avant et après son
mariage [2], lui retraçait des souvenirs de famille. Par un rap-
prochement qu'il n'est pas sans intérêt d'indiquer en passant,
J. Racine avait autrefois appartenu à la même ville en qualité de trésorier de France, charge dont Colbert avait disposé
en sa faveur, comme étant tombée aux parties *casuelles* [3].

en la copiant fidèlement, aux fautes d'orthographe près, qu'on pardonne
quand on pense et qu'on s'exprime si bien : « *Que la conquête que j'ai
faite de M. Pajot* * *ne vous alarme point; je la trouve cependant glo-
rieuse pour moi. Il est à supposer que le vrai mérite seul peut toucher
les gens qu'une longue expérience et le calme des passions rendent plus
difficiles. C'est ainsi que l'amour-propre tire parti de tout.* » La réflexion
est digne de M. de la Rochefoucauld; après une pareille phrase, ne me
demandez jamais de faire quelque lettre pour vous. Vous en savez plus
que moi ; et je crains si fort de répondre à une personne qui écrit si bien,
que je finis promptement en vous assurant du plus profond respect avec
lequel je suis, etc. » (*Lettre inédite*, de Soissons, 1738.)

[1] Lettre datée de la Haye le 2 septembre 1739.

[2] C'est à tort que tous les biographes de L. Racine assurent qu'il se
maria pendant qu'il résidait à Lyon. Cette erreur est formellement dé-
mentie par sa correspondance *inédite*.

[3] Louis XII, en établissant la vénalité des offices comptables, avait créé,
sous le nom de trésoriers des parties casuelles, des agents chargés de
recevoir les deniers provenant de la vente de ces offices. Mais, depuis le
règne de Henri IV, ces places avaient beaucoup perdu de leur importance, parce que plusieurs offices étaient devenus héréditaires, moyennant le payement d'un droit annuel qu'on appelait *la paulette*. S'il arrivait par hasard qu'un officier eût négligé d'acquitter ce droit, à sa mort le
trésorier des parties casuelles disposait de son office, au profit du roi, la
charge étant *tombée aux parties casuelles*, comme on disait alors. Quant
à Racine, il était censé acquitter ce droit annuel, pour conserver le prix

* Pajot de Malzac, conseiller au parlement de Paris.

Mais il n'en remplissait pas les fonctions, ce qui faisait dire plaisamment à Boileau, dans une lettre qu'il lui écrivait de Moulins : « *Cette ville s'honore fort d'avoir un magistrat de votre force, et qui lui est si peu à charge.* »

Louis Racine, transféré avec le même emploi à Lyon, où l'attiraient ses nouveaux intérêts, ne tarda pas à être reçu membre de l'Académie des sciences, belles-lettres et arts, qui y est établie depuis longtemps. Le discours qu'il prononça à cette occasion respire, dans un pur et harmonieux langage, le plus ardent amour des lettres, et un vif regret de ne pouvoir se livrer exclusivement à leur culte. Voici quelques fragments de ce discours remarquable, qui n'a jamais été publié :

« Qu'avez-vous à attendre de moi, messieurs, et que vous
« puis-je apporter, si ce n'est un nom illustre à la vérité,
« mais dont la gloire même fait ma honte, lorsque je consi-
« dère combien je suis éloigné de le soutenir? Pour moi, je
« vous aurai toujours l'obligation infinie de m'admettre à
« ces savantes conversations, qui rallumeront en moi l'amour
« des lettres, mes premières délices. Fatigué justement de
« ces occupations si stériles à l'esprit auxquelles je suis con-
« traint de me livrer tous les jours, je pourrai du moins, une
« fois la semaine, me venir reposer parmi vous, c'est-à-dire
« dans le sein des muses, et leur rendre cette légère partie
« d'un temps qui leur fut consacré dès ma naissance, et qui
« leur serait encore entièrement dévoué, si j'avais été le
« maître d'en disposer. La fortune ne m'a point voulu ac-
« corder cette heureuse liberté. Je me suis plaint d'elle avec
« justice, lorsque, après m'avoir arraché à mes premières oc-
« cupations et à ma patrie, elle m'a fait errer longtemps de
« province en province. Mais j'oublie toutes ses rigueurs pas-
« sées, depuis qu'elle m'a enfin conduit dans une ville qui,
« par les liens sacrés qui m'y attachent, est devenue pour moi

de sa charge à ses enfants; mais le prince Henri-Jules de Bourbon-Condé, qui avait les droits domaniaux dans le duché de Bourbonnais, lui en faisait remise tous les ans.

« une seconde patrie, et qui me devient encore plus chère
« depuis que vous voulez bien me recevoir dans votre illustre
« compagnie, me communiquer vos lumières précieuses, et
« me rapprocher de ces muses que j'avais presque perdues de
« vue, quoique mon cœur n'en fût jamais séparé. »

Après avoir erré dix ans de province en province, comme
il vient de le dire, L. Racine fut nommé à la direction de
Soissons au mois de mai 1732. « M. Racine quitte notre
« ville de Lyon, pour aller à Soissons exercer la direction
« des gabelles, écrivait Brossette à J. B. Rousseau [1]. Je suis
« véritablement fâché de cette transmigration, qui va nous
« priver d'un homme autant estimable par son esprit qu'ai-
« mable par ses mœurs, digne enfin du grand nom qu'il
« porte. »

Cette nouvelle position, sans mettre un terme à l'exil de
L. Racine, avait cependant l'avantage de le rapprocher de
la Ferté-Milon, où il comptait encore beaucoup de parents,
ainsi que de Paris, principal centre de sa famille et de ses
affections. Il éprouva vers la fin de cette même année 1732
une perte bien cruelle, dans la personne de madame Racine
sa mère, qui avait survécu près de trente-trois ans à celui
qui avait fait son bonheur, et l'avait entourée d'une auréole
de gloire. Elle mourut subitement le 15 novembre, âgée de
quatre-vingts ans, étant née en 1652, et fut inhumée dans l'é-
glise de Saint-Étienne du Mont, auprès de Jean Racine,
dont le corps y avait été transporté en 1711, après la des-
truction de Port-Royal, sa première sépulture. Il était juste,
en effet, que la mort rejoignît ce qu'elle avait séparé, et ne fît
qu'une même cendre de ces deux époux, modèles d'une union
si tendre et si constante, malgré de frappants contrastes qui
ne semblaient pas les appeler à associer leurs destinées. Leur
exemple prouva que la vertu est la base la plus solide du
bonheur; car elle seule forma des liens auxquels la séduc-
tion de la beauté, de l'esprit ou de la fortune n'eut aucune

[1] Lettre du 6 mai 1732.

part. La compagne du poëte le plus parfait qui ait illustré la scène française, non-seulement n'avait vu représenter aucun de ses divins chefs-d'œuvre, mais même ne les avait jamais lus, et n'en avait appris le nom que par hasard, dans la conversation. Il est vrai que Racine lui donnait alors l'exemple de cette indifférence. Honteux en quelque sorte de ses succès, son austère piété l'avait amené à déplorer l'usage qu'il avait fait de son talent, et il ne cachait pas qu'il regrettait de ne pouvoir anéantir ses tragédies profanes. Aussi n'en parlait-on jamais devant lui, sachant combien ces souvenirs d'une gloire trop mondaine troublaient sa belle âme. Femme et mère de poëtes, madame Racine était si étrangère aux connaissances littéraires les plus simples, qu'elle était arrivée à un âge avancé sans savoir ce qu'on entendait par rimes masculines et féminines : son fils Louis en parlant un jour devant elle, elle lui en demanda la différence. Rien n'égalait son mépris pour la fortune, dont les rigueurs, pas plus que les faveurs, ne purent émouvoir un seul instant cette nature sereine et résignée. Au mois d'avril 1688, Racine revenant de Versailles avec une bourse de mille louis dont le roi venait de le gratifier, rencontra sa femme qui l'attendait chez Boileau, à Auteuil. Il courut à elle, et l'embrassant : *Félicitez-moi*, lui dit-il ; *voici une bourse de mille louis que le roi m'a donnée.* Au lieu de l'écouter, elle se plaignit aussitôt à lui d'un de ses enfants qui depuis deux jours ne voulait point étudier. *Une autre fois*, reprit-il, *nous en parlerons ; livrons-nous aujourd'hui à notre joie.* Elle lui représenta qu'il devait en arrivant faire des réprimandes à cet enfant, et continuait ses plaintes, lorsque Boileau, qui dans son étonnement se promenait à grands pas, perdit patience, et s'écria : *Quelle insensibilité ! Peut-on ne pas songer à une bourse de mille louis* [1] *?*

Cette manière de sentir ne fut modifiée ni par les années ni par les revers. A l'époque de la vie où l'attachement aux

[1] *Mémoires de Louis Racine sur la vie de son père.*

biens de ce monde peut être considéré plutôt comme le
défaut de l'âge que celui du cœur, elle montra la même indifférence pour la fortune, et subit, sans se plaindre, le désastre qui lui enleva la moitié de la sienne. Rien ne fut changé
pour cela dans ses habitudes de charité, et elle continua de
secourir les pauvres avec la même abondance ; heureuse de
n'imposer de privations qu'à elle seule. Admirable dans l'intérieur de la famille, la vie de madame Racine n'a été qu'un
long acte de dévouement aux saints devoirs que le ciel a dé-
partis à la femme. Son jugement exquis, sa froide raison,
dont aucune passion ne troublait la sérénité, la rendait plus
propre qu'une autre à adoucir les secrets chagrins d'un
homme de génie qu'une sensibilité trop vive et un fonds de
mélancolie portaient à s'exagérer ses peines. Mère tendre, sa
nombreuse famille faisait les délices de son cœur, et elle était
sans cesse occupée des soins si divers qu'exigeaient ses sept
enfants. Les absents étaient peut-être, de sa part, l'objet d'une
sollicitude plus grande encore ; son ingénieuse prévoyance
allait au-devant de tous leurs besoins ; et c'est surtout pour
eux qu'elle adressait des prières au ciel avec cette foi qu'il
exauce toujours. « Ce sont ces choses simples, a dit Bossuet,
« gouverner sa famille, édifier ses domestiques, faire jus-
« tice et miséricorde, accomplir le bien que Dieu veut, et
« souffrir les maux qu'il envoie ; ce sont ces communes pra-
« tiques de la vie chrétienne que Jésus-Christ louera au der-
« nier jour, devant ses saints anges et devant son Père céleste.
« Les histoires seront abolies avec les empires, et il ne se par-
« lera plus de tous ces faits éclatants dont elles sont pleines. »
(*Oraison funèbre du prince de Condé.*)

Lorsque Racine mourut, Louis XIV daigna accorder à sa
veuve et à ses enfants une pension de *deux mille livres,*
qui, d'après ses royales intentions, devait être partagée entre
eux, et ne s'éteindre qu'avec le dernier survivant. Après avoir
été faire ses remercîments de cette grâce, madame Racine
passa le reste de sa vie loin d'un monde qu'elle avait peu
recherché, et atteignit à la vieillesse sans en connaître les

infirmités. Digne épouse et digne mère, c'est bien à elle que convient l'éloge si touchant que l'Écriture, au livre des *Proverbes*, fait de « la femme vraiment admirable que ses en- « fants ont dite heureuse, que son mari a louée, qui a été « louée par ses propres œuvres dans l'assemblée des sages, « et par les regrets et les pleurs de tous ceux qui l'ont connue, « aimée et respectée [1]. »

Depuis la mort de sa mère, qui suivit de si près son éta- blissement à Soissons, L. Racine vit s'écouler dans la paix du bonheur domestique quinze années, *portion bien consi- dérable de la vie humaine,* a dit Tacite [2] : aucun événe- ment de quelque importance ne vint en interrompre la calme uniformité. Il dut seulement se soumettre aux exi- gences d'une nouvelle charge; car dès les premiers temps de son arrivée à Soissons il avait été reçu, à *la table de marbre,* maître particulier des eaux et forêts du duché de Valois, dans l'apanage de M. le duc d'Orléans. Cette charge l'obligeait à de fréquents et pénibles voyages, parce qu'il en remplissait les devoirs avec un grand zèle, bien différent en cela du bon la Fontaine, qui après avoir été, lui aussi, pendant trente ans maître particulier des eaux et forêts dans cette même con- trée, ignorait la plupart des termes de son métier, et n'avait, au diré de Furetière, appris le peu qu'il en savait que dans le *Dictionnaire universel.* Au milieu de tant de travaux di- vers, L. Racine n'oubliait pas d'autres devoirs d'un ordre plus élevé, devoirs si souvent négligés dans le tumulte du monde et l'embarras des affaires. Pourquoi craindre de dire qu'à certaines époques il fuyait le séjour de la ville, et allait, par quelques jours de retraite dans la solitude d'un cloître, se préparer à célébrer dignement les grandes so- lennités de l'Église? Malgré ses austères principes, sa piété n'avait rien de chagrin ni d'amer; elle était douce, aimable

---

[1] Catherine de Romànet, fille d'un trésorier de France dont la famille était originaire de Montdidier en Picardie, naquit en 1652, fut mariée à Jean Racine le 1er juin 1677, et mourut le 15 novembre 1732.

[2] Quindecim annos, grande mortalis ævi spatium. (*Vie d'Agricola.*)

et indulgente, comme celle qui vient du ciel. Mais laissons-le
nous raconter lui-même avec enjouement ses tribulations
à l'occasion d'un de ses pèlerinages périodiques à la Char-
treuse de Bourgfontaine :

« Je reçois dans le moment, *écrit-il à sa femme le 22 mars* 1739,
« je reçois dans le moment un message de Desmonceaux, qui
« m'annonce qu'on m'attend à dîner, parce qu'on a compté sur
« moi pour ramener madame de Bernet à Villers-Cotterets. Il faut
« avouer que le diable songe bien à moi! Il y a deux mois que je
« ne songe pas à lui, que je mène une vie d'anachorète, et que je
« n'ai vu aucune jolie femme. Je vais aux Chartreux, pour me
« préparer à mes Pâques; je compte y aller bien sagement dans
« ma chaise, et je me trouve obligé de mener avec moi une jeune
« et jolie dame. J'espère pourtant que le diable sera bien attrapé,
« et que je me tirerai de ce mauvais pas avec honneur, c'est-à-dire
« avec une grande sagesse. Je dis j'espère, parce qu'il ne faut
« jamais répondre de sa vertu, et que moi-même je ne suis pas
« assez hardi pour répondre de la mienne. Il est pourtant vrai
« qu'elle est très-forte quand elle n'est point attaquée; mais elle
« succombe à la première attaque. Je ne crois pas que dans ce
« voyage elle en essuie : la dame me paraît fort sage, et le voyage
« est court. Si cependant il m'arrivait quelque malheur, je vous
« le manderais aussitôt, car je n'ai rien de caché pour vous.
« Après tout, le cœur sera toujours à vous, car il y est pour toute
« la vie [1]. »

Cette lettre était fort peu rassurante, et la situation péril-
leuse; aussi L. Racine s'empressa-t-il, quelques jours après,
d'ajouter :

« J'ai voyagé sans malheur avec ma jolie dame; et quoique je
« fusse seul dans la forêt avec elle, je n'ai pas été tenté de lui faire
« le moindre mal : elle est fort raisonnable. Après l'avoir remise à
« Villers-Cotterets, j'allai aux Chartreux, d'où je ne suis revenu
« que le jeudi saint [2]. »

[1] Lettre *inédite* de Soissons, le 22 mars 1739.
[2] Id., le 28 mars 1739.

C'est ainsi que les rudes vertus du cénobite se cachaient sous des fleurs, et empruntaient le langage léger et frivole de l'homme du monde. Cependant de nombreux déplacements, et les devoirs de deux charges importantes, si peu en harmonie avec les goûts de L. Racine, non-seulement n'avaient pas affaibli son amour pour les lettres, mais avaient encore contribué à le rendre plus constant et plus vif. Sa noble intelligence sentait le besoin de se délasser, par les plaisirs de l'esprit, d'occupations continuelles et fatigantes. Toutefois il ne lui était pas permis d'avouer le culte qu'il rendait aux muses, ces douces compagnes de ses rares loisirs. Dans une lettre à J. B. Rousseau, il nous apprend qu'il était obligé de faire un grand mystère du plus innocent des délassements, pour qu'on ne lui en fît pas un grand crime. Il ne devait qu'à lui-même et à son heureuse nature des goûts qui, pour se développer, avaient eu à lutter contre toute sorte d'obstacles. Nous savons quels sévères conseils Despréaux avait fait entendre à son enfance : bien des années après, lorsque déjà il touchait à la maturité de l'âge, sa famille cherchait encore, par un dernier effort, à le dégoûter du métier d'auteur. Au moment de publier le poëme de la *Religion*, L. Racine avait cru devoir consulter son frère aîné, Jean-Baptiste, homme d'une vaste érudition ; mais il n'en reçut qu'une réponse dure et décourageante. Au reste, cette lettre offre à un autre point de vue un grand intérêt, parce qu'elle émane de ce fils de Racine qui eut de plus le rare bonheur d'être son élève, et qu'elle peut être considérée comme l'expression des opinions personnelles de ce grand poëte. En voici un fragment considérable, qui a été publié pour la première fois par Geoffroy, à qui il avait été communiqué par la famille de Racine :

« J'avais en même temps renoncé, *écrivait Jean-Baptiste à son*
« *frère Louis*, à vous faire des critiques, parce que cela me menait
« trop loin ; et j'aurais voulu seulement finir par une critique
« générale du métier que vous embrassez. Je vous ai mandé là-
« dessus, non-seulement ce que j'en pensais, mais ce que j'en

« avais entendu dire toute ma vie à gens plus éclairés que moi.
« Est-il juste de vous laisser ignorer ce que pensaient des hommes
« aussi sages et aussi sensés que l'étaient votre père et M. Des-
« préaux ? et ne devriez-vous pas même être ravi de trouver
« encore en moi le seul homme qui puisse peut-être vous en ins-
« truire ? Ils connaissaient certainement mieux que d'autres tous
« les dangers du métier, et votre père y avait, pour ainsi dire,
« déjà renoncé avant l'âge où vous songez à l'embrasser. Mais je
« n'ai point du tout songé à vous faire entendre que je regardasse
« votre ouvrage comme une chose qui pût jamais vous déshonorer :
« tant s'en faut que je l'aie jamais pensé, que je suis persuadé au
« contraire qu'il ferait la fortune de tout autre nom que le vôtre.
« Votre projet vous fera toujours honneur, quelque succès qu'il
« puisse avoir. Mais songez que vous portez un nom dont la for-
« tune est faite, qui ne peut guère croître, et peut plutôt diminuer.
« Parlons à cœur ouvert, et comme des frères doivent parler.
« Croyez-vous surpasser ou du moins égaler votre père ? Vous
« avez raison de faire ce que vous faites ; mais si vous vous défiez
« d'y pouvoir réussir, j'ai raison de vous donner les conseils que je
« vous donne ; et quand je vous les donne, je ne le fais uniquement
« que pour vous épargner toutes les amertumes attachées au métier
« que vous embrassez : et c'est pour cela que je vous ai mandé
« qu'à votre place, je me contenterais de cultiver pour moi et mes
« amis les talents que le ciel m'aurait donnés, et d'en faire mes
« amusements innocents. Voyez quelles peines il vous faut essuyer
« pour obtenir un privilége qui naturellement vous devrait être
« jeté à la tête ! que d'approbations il vous faut briguer, jusqu'à
« celle du P. T. ! du moins on me l'a dit. Quels confrères, outre
« cela, allez-vous vous donner ! tous les rimailleurs du temps, qui
« n'ont pas le sens commun, et qui, quoique vous ne leur dis-
« putiez rien, comme vous dites, ne laisseront pas cependant de
« se faire toujours un plaisir secret de vous rabaisser, vous et
« votre nom surtout, dont ils sont ennemis dans le fond. Et d'où
« vient cela ? me direz-vous. Parce que les écrits sensés seront
« toujours le fléau des leurs. Aussi, vous savez comme ils dé-
« crient M. Despréaux ! Vous voyez donc bien que je suis très-
« éloigné de ne point rendre justice à vos talents. Vous avez
« une facilité étonnante à tourner des vers ; il n'y a rien que vous

« ne veniez à bout de dire, et toujours noblement. Il semble même
« que la sécheresse et l'aridité des sujets échauffent votre veine,
« et vous tiennent lieu, pour ainsi dire, d'Apollon. »

Ce ton ferme et résolu peint l'homme qui, pour son
propre compte, avait dédaigné une vaine célébrité à laquelle
son grand savoir, fruit d'une prodigieuse lecture, lui donnait
le droit de prétendre. Afin de mieux cacher sa vie, il avait
abandonné une belle position à la cour, et l'espérance d'un
rapide avancement que lui assurait dans la carrière diplo-
matique la protection déclarée du marquis de Torcy. Peu de
temps, en effet, après la mort de son père, Jean-Baptiste
Racine s'était défait de sa charge de gentilhomme ordinaire
du roi, ainsi que de son emploi aux *affaires étrangères*,
pour suivre sans contrainte ses goûts de solitude et d'indépendance. Tout en reconnaissant la sagesse de son langage,
il est permis de croire que la crainte de voir L. Racine com-
promettre par de médiocres écrits un nom qui n'avait plus
rien à demander à la gloire, avait dicté au chef de sa famille
ces énergiques remontrances. Mais celui à qui elles s'adressaient en fut heureusement peu touché, et ne se laissa pas
plus décourager par cet obstacle que par d'autres qui semblaient plus difficiles à surmonter. En effet, c'est dans le
cours de ses voyages et d'occupations de finance qui absor-
baient presque tout son temps, qu'il composa le poëme de
la *Religion*, les *Épîtres sur l'homme* et *sur l'âme des
bêtes*, ses *Odes*, ses *Réflexions sur la poésie*, et les *Mémoires sur la vie de son père*. Ce dernier ouvrage, dicté par
la piété filiale la plus tendre, lui inspirait un légitime orgueil. Ce n'était point l'orgueil de l'écrivain qui croit avoir
produit une œuvre digne de l'estime de ses contemporains et
de la postérité; son extrême modestie ne lui permit jamais
de connaître ce sentiment : mais c'était la douce satisfaction
que fait éprouver à un noble cœur l'accomplissement d'un
grand devoir. Voici ce qu'il mandait à sa femme, en 1747, à
l'occasion de cet ouvrage, qui venait de paraître :

« J'ai été fort content de la lettre que mon gendre [1] m'a écrite,
« au sujet du plaisir que ma fille a eu en recevant la *Vie de son*
« *grand-père*. Je suis en même temps fort aise que ma fille soit
« aussi sensible à cette lecture : ce qui fait voir que son caractère
« est tendre, et que quand elle aura une famille, ce qui, selon les
« apparences, ne lui manquera pas, elle sera avec ses enfants
« comme mon père était avec les siens. Elle goûtera mieux le
« style des *lettres* écrites à mon frère que nos beaux esprits, qui
« les trouveront trop simples. Ils ne comprendront pas non plus
« que mon père ait eu si sincèrement de la religion, de même que
« les femmes ne comprendront pas qu'il n'ait pas toujours parlé
« d'amour. On dira tout ce qu'on voudra : je suis historien très-
« fidèle. Cet ouvrage me fera estimer des honnêtes gens ; et, quel-
« que chose qui arrive, j'aurai la satisfaction d'avoir fait ce que je
« devais pour la mémoire de mon père, mes enfants, et le public.
« Je ne suis pas étonné que les noms de *Babet* et *Fanchon* [2] aient
« d'abord révolté ma cadette, et je sais bon gré à mon aînée
« d'avoir tout à coup saisi la chose. J'ai toujours dit que c'était
« dommage qu'elle ne s'appliquât pas à la lecture ; elle est capable
« de goûter le bon et le beau [3]. »

Une circonstance flatteuse se rattache à l'*Épître au roi*,
que L. Racine composa pour célébrer le rétablissement de
Louis XV, dont une grave maladie venait de mettre les jours
en danger, dans un voyage à Metz. Ce rétablissement ines-
péré causait une véritable ivresse par toute la France ; car
Louis se montrait encore digne de l'ardent amour de ses
peuples, et le poëte, en cette occasion, ne fut que leur fidèle
interprète. Le lieutenant de police, M. de Marville, fit imprimer cette pièce sans la participation de son auteur ; et elle
fut distribuée à l'hôtel de ville de Paris, pendant les réjouis-
sances qui eurent lieu pour la convalescence du roi. L. Racine écrivit à M. de Marville pour le remercier de la publicité

---

[1] M. de Neuville de Saint-Hery, fils du fermier général de ce nom ; il
venait d'épouser la fille aînée de L. Racine.

[2] Filles de J. Racine ; deux autres portaient en famille les noms de *Nanette* et *Madelon*, au grand scandale des *précieuses ridicules*.

[3] Lettre *inédite*.

qu'il avait donnée à ses vers. Ce magistrat lui répondit, le
15 septembre 1744 :

« Je connais les sentiments de Paris, mais il fallait un Racine
« pour les rendre : aussi puis-je vous répondre de la reconnais-
« sance de la ville, et de la mienne en particulier [1]. »

Aux productions précédemment citées il convient d'ajouter, pour être exact, plusieurs pièces *inédites*, en vers et en
prose, qui datent de la même époque, et furent inspirées à
L. Racine par de petits événements de société auxquels il
se trouva mêlé. Un mot imprudent, et malignement répété,
lui ayant attiré une grosse querelle de la part des dames de
Soissons, il chercha à atténuer ses torts dans un *factum*,
le seul qu'il ait jamais composé en sa qualité d'avocat au
parlement. Cet ingénieux badinage est d'autant plus fait
pour exciter l'intérêt et la curiosité, qu'il contraste davantage avec le caractère de l'auteur et le sérieux de ses autres
productions.

La famille de L. Racine conserve encore précieusement
sa *correspondance* avec sa femme et ses enfants. Ces *lettres*,
monument de sa tendresse pour l'une, et d'une sollicitude
toute maternelle pour les autres, ont été écrites avec le plus
aimable abandon, et honorent son esprit autant que son
cœur. Parfois, pour les égayer, il lui arrive de faire d'heureux emprunts aux nouvelles qui tiennent souvent en émoi
une petite ville ; comme lorsqu'il raconte l'anecdote suivante,
digne pendant de l'histoire du Lutrin :

« Voilà bien des personnes qui pourront vous donner des nou-
« velles de Soissons. Je n'en sais point d'autres, qu'un grand
« procès entre le chapitre de la cathédrale et celui de Saint-Pierre.
« Vous savez qu'à Pâques le clergé prend le bonnet carré ; mais
« comme il a fait très-froid cette année, nos chanoines, ayant peur
« de s'enrhumer, ont décidé qu'ils conserveraient le camail, et que

---

[1] Pièce manuscrite de la collection de M. de Monmerqué, conseiller à la
cour d'appel de Paris.

« les autres églises se conformeraient à leur ordre. Le chapitre
« de Saint-Pierre, ne craignant pas les rhumes, a pris le bonnet
« carré ; désobéissance si criminelle, que le chapitre de la cathé-
« drale, comme faisant les fonctions d'évêque dans la vacance,
« a lancé contre eux les censures ecclésiastiques, moyennant
« lesquelles plus d'office chez ces chanoines, qui sont obligés de
« dire tout bas leur bréviaire. Appel au parlement, et procès très-
« sérieux, dont nous ignorons le succès [1]. »

Un autre jour, au contraire, il déplore la funeste manie
du duel, à l'occasion de la mort d'un brave officier tombé
dans un de ces combats sans gloire, et souvent sans motifs :

« Il vient d'arriver une aventure tragique à Chauny. M. de
« Lié, officier principal des grenadiers à cheval [2], homme très-
« estimé et très-aimé, d'environ cinquante ans, fut avant-hier
« réveillé à cinq heures du matin par un officier du même corps,
« arrivé en poste de Paris pour se battre avec lui. Il fallut se lever,
« quoique saigné la veille, et accepter le combat, qui se passa en
« présence de témoins, et où il fut tué. Il laisse femme et enfants.
« Du reste, on ne sait pas le sujet de la querelle [3]. »

Ailleurs, il décrit la touchante douleur d'un fils sur la
tombe de son père. La page dernière du livre de nos destinées
rappelle d'amères pensées, sans doute ; mais elle est aussi la
source de consolantes émotions, car elle nous révèle souvent tout ce qu'il y a de nobles sentiments dans la nature
humaine.

« J'allai hier à l'enterrement de M. de la Touche : je n'ai
« jamais vu une douleur comparable à celle du fils ; il fallait deux
« personnes pour le soutenir. Comme on allait à la fosse, il se
« trouva mal, il fallut l'emporter ; il n'a pu ni jeter de l'eau bénite,
« ni signer sur le registre. Il aura la réputation d'un fils qui aimait
« bien son père ; je crains qu'il ne tombe sérieusement malade.
« Il est obligé, pour l'arrangement de la caisse, de partir ce matin

[1] Lettre *inédite* de L. Racine à sa femme, du 8 avril 1739.
[2] M. de Lié ou de Liez était lieutenant de la compagnie des grenadiers
à cheval de la maison du roi, avec rang de colonel.
[3] Lettre *inédite* de L. Racine à sa femme, de Soissons le 13 avril 1739.

« en poste, et sa femme, nouvellement accouchée, le suit. Tout
« cela fait pitié [1]. »

Les lettres de L. Racine sont datées des dernières rési-
dences que lui assignèrent ses fonctions, mais principalement
de Soissons, où il fit le séjour le plus long. De pieux devoirs
obligeaient, à cette époque, madame Racine à de fréquentes
absences ; sa mère et sa tante, madame du Molin [2], toutes
les deux avancées en âge, et la dernière surtout, accablée
d'infirmités, réclamaient souvent à Paris ses soins affectueux. C'est alors que s'établissait entre les deux époux ce
commerce de lettres, aussi actif que tendre. Mais L. Racine
allait bientôt reconquérir sa liberté, et mettre un terme à ces
pénibles séparations.

Il y avait déjà près de vingt-cinq ans que le cardinal de
Fleury l'avait nommé directeur des fermes [3], sans qu'il
eût ressenti d'autres effets d'une protection qui semblait
lui présager un plus brillant avenir. Il est vrai qu'il avait
trop de dignité dans le caractère pour descendre à d'humbles sollicitations ; et, loin d'importuner de froids protecteurs,
il avoue bien franchement, dans une de ses *lettres inédites*,
qu'il se sentait plus de sympathie pour *les ministres disgraciés*. Chose rare ! il s'attachait à leur chute comme d'autres
s'attachent à leur prospérité. Il l'avait prouvé dès sa jeunesse,
en partageant volontairement l'exil du chancelier d'Aguesseau ; et, plus tard, en s'honorant de l'amitié du marquis
d'Argenson, ministre des affaires étrangères, qui, lui aussi,
était tombé en disgrâce [4]. Le culte du malheur a toujours

---

[1] Lettre *inédite* du 10... 1747.

[2] Marie-Anne de Santilly, veuve de Pierre du Molin, écuyer, secrétaire
du roi, maison, couronne de France, et de ses finances. Elle n'eut qu'une
fille, qui mourut jeune, après avoir été mariée, dans les premières années
du dix-huitième siècle, à M. de Fieubet, conseiller au parlement de Paris,
à qui elle apporta une grande fortune.

[3] Il y avait alors trente-cinq directions des fermes pour tout le royaume ;
ce nombre fut augmenté par la suite, et porté à quarante-cinq.

[4] « M. d'Argenson, celui qui n'est plus dans le ministère (car je suis
« plus aisément ami des ministres disgraciés), m'a deux fois envoyé in-

été la passion des âmes généreuses; elles aiment à lui prodiguer des hommages qu'elles refusent souvent à la faveur et à la fortune, sûres que le bonheur ne manquera jamais de courtisans ni d'amis.

Après avoir pendant un quart de siècle calculé, vérifié des registres, dressé des rôles, lu des arrêts et des procès-verbaux, L. Racine, calculant aussi le nombre de ses années, pensa que l'heure impatiemment attendue du repos était sonnée pour lui. Sa fortune, fort améliorée par son mariage et son travail, lui permit enfin de revenir à Paris, pour goûter au sein de sa famille, des lettres et de l'amitié, ce repos si chèrement acheté. C'était en 1746 : au mois de janvier de l'année suivante, il obtint, par suite de la mort de son frère aîné Jean-Baptiste, la jouissance de la pension entière de 2,000 livres, don glorieux de Louis XIV à la famille de Racine.

Mais, comme pour prouver que les calculs que l'homme fait pour son bonheur sont presque toujours suivis d'amères déceptions, ici se place un incident qui l'affecta vivement, parce qu'il crut y voir une flagrante injustice, dont sa loyauté était révoltée [1]. Son absence, prolongée pendant un grand nombre d'années, avait fini par exciter quelque mécontentement dans le sein de l'Académie des inscriptions et belles-Lettres. Un des membres les plus influents, le duc de Nivernais, qui passait pour avoir conservé de son origine quelque chose de l'adresse italienne sous les dehors séduisants de l'urbanité française, s'empressa de profiter de cette dis-

« viter à dîner : j'y ai été toutes les deux fois, et je suis très-charmé de ses
« politesses. Il est fâché de ne pas voir finir mon affaire de l'Académie,
« dont on n'a pas dit un mot. Elle sera apparemment décidée à la rentrée
« des Rois : tout ce qui me regarde demande de grandes attentions.
« M. Desmousseaux sera plus heureux avec les femmes que je ne le suis
« avec les ministres, s'il fait le mariage que vous m'annoncez. J'admire
« son bonheur. » (*Lettre inédite de L. Racine à sa femme*, de Paris le
15 ... 1747.)

[1] Tous les détails de cette affaire, qui impressionna péniblement L. Racine, sont entièrement *inédits*; aucun de ses biographes n'en a parlé. On trouve la preuve des faits racontés ici, dans ses *lettres à sa femme*.

position peu bienveillante , dans l'intérêt de M. de Sainte-Palaye, son ami. L'Académie des inscriptions et belles-lettres comprenait alors, indépendamment des membres *honoraires* et *étrangers*, les *pensionnaires*, les *associés*, les *élèves* et les *vétérans*. Ces derniers n'étaient plus assujettis à aucun devoir, ni par conséquent plus tenus à résider. Le duc de Nivernais , voulant donc procurer de l'avancement au savant auteur des *Mémoires sur la chevalerie*, qui appartenait déjà à une des catégories de l'Académie, avait, à force d'obsessions et par surprise, en lui exagérant le mécontentement de ses confrères, arraché à L. Racine l'engagement de demander le titre de *vétéran*. C'est pendant que ce dernier résidait encore à Soissons que cette négociation avait eu lieu. Il semble que son retour à Paris, et son exactitude à remplir ses devoirs d'académicien , devaient, en ôtant tout prétexte aux mécontents , rendre nul un engagement imprudemment contracté , sous l'empire de circonstances qui n'existaient plus. Le duc de Nivernais en jugea autrement ; et son insistance était d'autant plus vive , qu'une place de *pensionnaire*, vacante à ce moment-là même, serait revenue de droit à Sainte-Palaye , sans l'obstacle qu'y mettait L. Racine par son ancienneté. Il était d'ailleurs sur le point de partir pour son ambassade de Rome avec Sainte-Palaye ; et tous les deux avaient un extrême désir de voir cette affaire se terminer avant de quitter la France.

Le duc de Nivernais était parvenu à mettre dans ses intérêts le comte de Maurepas, dont il avait épousé la sœur, Hélène de Pontchartrain , et à lui inspirer toutes ses préventions contre L. Racine. Ce ministre, tout-puissant, se montrait donc fort animé contre un homme alors en butte à tous les traits de la malveillance, qui s'armait, pour lui nuire, tantôt du prétexte de ses opinions religieuses , et tantôt même de sa qualité de financier. Cette qualité, disait-on, devait l'empêcher de prétendre aux faveurs de l'Académie , puisqu'il jouissait déjà de celles de la fortune.

Cependant M. de Maurepas, dont les impressions étaient trèsmobiles, revint bientôt à des sentiments plus favorables. Il crut avoir trouvé un expédient qui conciliait tous les intérêts, en faisant offrir à L. Racine une place de *pensionnaire-vétéran*, avec 1000 livres de pension, comme récompense du passé. On se proposait ainsi de rétablir en sa faveur une classe supprimée depuis longtemps, mais qui avait existé autrefois, car Boileau en avait été membre.

Dans le but de conjurer l'orage, L. Racine s'était servi de la bienveillante entremise du cardinal de la Rochefoucauld, archevêque de Bourges, pour faire parvenir à M. de Maurepas un *mémoire* où il établissait ses droits, et qu'il regardait comme un chef-d'œuvre de justice et de raison : sa modestie ne lui permettait pas d'en dire davantage. Mais, ne voulant pas soutenir plus longtemps une lutte inutile contre ceux qui, selon ses expressions, *donnaient la loi,* il accepta l'offre du ministre, et le lui annonça par une lettre qui ne contenait que ces mots, d'un laconisme très-significatif :

« Monsieur, comme il n'est pas juste que je retarde l'exécution de « vos vues pour l'avancement de quelques académiciens, j'accepte « la place que vous me faites offrir [1]. »

M. de Maurepas, heureux du succès de son expédient, s'empressa de lui répondre en ces termes :

« Sur le compte que j'ai rendu au roi de la lettre par laquelle « vous m'avez marqué que vous seriez satisfait du titre de *pensionnaire-vétéran*, en conservant 1000 livres, sa majesté a « agréé cet arrangement, et j'en informe l'Académie. »

Ces injustices et ces cabales inspiraient à L. Racine des plaintes douloureuses sur l'indifférence que le pouvoir témoignait alors pour les lettres, pour ceux qui les cultivaient, et en particulier pour le fils d'un grand homme. Ces plaintes, qui, à une époque de privilége, pouvaient n'être pas sans danger, puisqu'elles s'adressaient à des personnages puissants, s'é-

[1] Lettre *inédite.*

taient exhalées dans le secret d'une correspondance intime,
et étaient allées s'y perdre sans éveiller aucun écho [1]. Aussi
tous les biographes de L. Racine les ont-ils ignorées, ainsi
que les faits qui les motivèrent ; faits regrettables pour la mémoire du duc de Nivernais.

Peut-être trouverait-on le secret du peu de bienveillance
du duc de Nivernais pour le fils du poëte qui a été un des
plus beaux ornements du *grand siècle*, dans les souvenirs
de cette brillante époque. Lorsque la tragédie de *Phèdre*
parut, les envieux de Racine, qui se réunissaient à l'hôtel de
Bouillon, lui opposèrent aussitôt celle de Pradon. La cabale
montée en faveur de cette dernière pièce était si puissante,
qu'elle parvint à égarer un instant l'opinion, qui parut préférer un ridicule ouvrage à un divin chef-d'œuvre. On répandit un sonnet fameux [2] contre la *Phèdre* de Racine ; et
comme le duc de Nevers, aïeul du duc de Nivernais, s'était
signalé par son engouement pour Pradon et son goût pour
rimer, le public le lui attribua, du reste fort injustement.
Mais ce sonnet fit naître une sanglante parodie, dans laquelle
le duc et sa sœur, la duchesse de Mazarin, alors retirée en
Angleterre, étaient outrageusement traités : le poëte offensé

---

[1] « Si je me plaignais et si je demandais des grâces, on pourrait m'ac-
cuser de sentiments bas : mais je ne me plains ni ne demande des grâces.
Je ne demande que ce qui m'est dû, à mon rang ; et, en parlant de la mé-
diocrité de ma fortune, je fais honneur à mon père et à moi, et j'intéresse
le public. Dans les *Lettres philosophiques*, ouvrage assez répandu,
Voltaire a dit, sans me consulter, et avec exagération, *que le fils du plus
grand poëte de la France serait mort de faim, sans M. Fagon* *. Il
l'a dit pour faire voir à quel point les gens de lettres sont abandonnés en
France ; mais combien de gens croiront que depuis que M. Fagon m'a
fait avoir un emploi, j'ai fait fortune ? mes ennemis ne disent-ils pas que
je suis un financier ? Je ne puis trop faire connaître combien je suis éloigné de la fortune, mais sans me plaindre. Les ministres font la fortune
de quelques intrigants et abandonnent le fils d'un grand homme : ce
n'est pas à moi à faire ces réflexions, mais à laisser au public à les faire. »
(*Lettre inédite de L. Racine à sa femme*, du 8 mars 1747.

[2]   Dans un fauteuil doré, Phèdre tremblante et blême
    Dit des vers où d'abord personne n'entend rien, etc.

* Membre du conseil des finances, fils du premier médecin de Louis XIV.
M. Fagon était chargé, en qualité de membre de ce conseil, des eaux et forêts,
qui formaient un des neuf départements des finances.

fut à son tour accusé, avec la même injustice, d'être l'auteur de cette parodie, et d'avoir eu Boileau pour complice. Le duc de Nevers jura de tirer de cet outrage une vengeance aussi cruelle qu'humiliante, une vraie vengeance de grand seigneur; car il ne s'agissait de rien moins que de faire expirer deux hommes de génie sous le bâton. Le prince Henri-Jules de Bourbon, fils du grand Condé, l'ayant su, se déclara hautement le protecteur de Racine et de son ami, et, innocents ou coupables, leur offrit son hôtel pour retraite. Le duc de Nevers fut bien obligé de s'arrêter devant une si haute protection, et de borner les effets de son ressentiment à des menaces aussi vaines qu'elles étaient injustes. Quant au sonnet, cause de tant de bruit et de scandale, il était de madame Deshoulières; et la parodie était l'œuvre de jeunes seigneurs, qui l'avaient imaginée dans la chaleur d'un repas. L'indignation de voir préférer Pradon à Racine les avait entraînés au delà des bornes des convenances, que les querelles littéraires ne devraient jamais franchir. Le duc de Nivernais, on l'a vu, était le petit-fils du duc de Nevers : serait-il donc bien injuste de lui attribuer, malgré les qualités que ses contemporains lui ont reconnues, des préventions et des antipathies qui étaient en quelque sorte héréditaires dans sa famille? Lorsqu'on voit ce philosophe aimable chercher à faire exclure L. Racine de l'Académie, comme suspect de jansénisme, il est permis de croire que quelque autre motif se cachait sous ce spécieux prétexte.

Louis Racine n'usa pas de la liberté qu'il devait à sa nouvelle position de *pensionnaire-vétéran*, et fut constamment un des membres les plus assidus aux assemblées de l'Académie. Devenu, par sa retraite, maître de tout son temps, il ne tarda pas à prouver qu'il savait en faire un bon emploi en donnant de nouvelles éditions de ses ouvrages déjà connus [1], et en publiant des *remarques* sur les tragédies de son père, ainsi que la *traduction du Paradis perdu* de Milton. Il terminait

---

[1] La meilleure édition des œuvres de L. Racine est celle qui a été publiée, en six volumes, par Lenormant; Paris, 1808.

ce dernier travail, lorsqu'une affreuse catastrophe dont nous aurons bientôt à parler vint l'arracher pour toujours aux études, qui, après avoir fait le charme de sa jeunesse et de son âge mûr, devaient être impuissantes contre les chagrins de sa vieillesse.

Depuis longtemps déjà les titres littéraires de L. Racine étaient devenus assez imposants pour lui permettre d'aspirer à l'Académie française, sans compter désormais sur les glorieux souvenirs qu'avait laissés son père. Une place étant venue à vaquer en 1750, il crut pouvoir se remettre sur les rangs. Mais il comprit bientôt qu'il ne serait pas plus heureux que la première fois, et se retira sagement de lui-même, sans attendre le jour de l'élection. A l'influence qui l'avait fait exclure dans sa jeunesse, s'en joignait une autre, partie d'un point diamétralement opposé, et déjà toute-puissante, quoique à son début. On était en plein *dix-huitième siècle;* l'esprit philosophique avait, à cette époque, envahi les hautes régions de la société, et surtout les corps savants. Quelle faveur pouvait attendre d'eux celui dont les chastes vers avaient célébré l'invincible puissance de la grâce et la merveilleuse histoire de la religion? Ainsi deux fois il avait vu ses prétentions repoussées, mais pour des motifs bien différents; car c'était bien moins, en dernier lieu, les erreurs reprochées au chrétien qu'on prétendait combattre, que la qualité d'écrivain religieux. Cette différence sert à faire apprécier le changement survenu dans les esprits, et l'espace immense qu'ils avaient parcouru en un quart de siècle. Mais ce n'était encore là que le commencement d'une ère nouvelle pour le monde. Un jour sans doute, et puisse-t-il être prochain! la philosophie reviendra à cette religion dont, en naissant, elle s'est déclarée l'ennemie. Alors toutes deux, devenues plus puissantes par cette mutuelle alliance, s'uniront à jamais comme deux sœurs, en associant, pour le bonheur des hommes, la raison avec la foi [1].

[1] La raison, dans mes vers, conduit l'homme à la foi.
(L. RACINE, poëme de la *Religion*, chant Ier.)

DEUXIÈME PARTIE.

—

Je l'attends, cette mort, sans crainte ni désir ;
Je ne puis l'avancer, je ne puis la choisir.
L'exemple des Catons est trop facile à suivre :
Lâche qui veut mourir, courageux qui veut vivre !
Demeurons dans le poste où le ciel nous a mis ;
Et s'il nous en rappelle, à ses ordres soumis,
Partons. Heureux alors qui, tournant en arrière
Un regard sur les pas de toute sa carrière,
Sur tant de jours passés qu'il se rend tous présents,
Quelque nombreux qu'ils soient, les voit tous innocents !
Quel doux contentement goûte une âme ravie !
Ah ! c'est jouir deux fois du plaisir de la vie !

> (L. RACINE, poëme de la *Religion*, ch. VI.)

Qu'ils sont doux, mais qu'ils sont rapides, les moments que les frères et les sœurs passent dans leurs jeunes années, réunis sous l'aile de leurs vieux parents ! La famille de l'homme n'est que d'un jour ; le souffle de Dieu la disperse comme une fumée. A peine le fils connaît-il le père, le père le fils, le frère la sœur, la sœur le frère ! Le chêne voit germer les glands autour de lui : il n'en est pas ainsi des enfants des hommes.

> (CHATEAUBRIAND, *René*.)

Arrêtons-nous un moment à contempler la douce figure de L. Racine dans son intérieur calme et pieux, et respirons avec lui cette atmosphère de bonheur et de vertu. Arrivé aux portes de la vieillesse, il pouvait jeter sur le passé un regard satisfait. Sa vie entière vouée au travail, cette grande loi imposée à tous les êtres intelligents, s'était écoulée sans orages ; car quelques accidents passagers, et inséparables de la condition humaine, n'avaient pas suffi pour en troubler la constante sérénité. A l'heure où il avait senti le besoin d'affections plus profondes, et renfermées dans un cercle plus étroit, une compagne selon son cœur s'était rencontrée, et trois enfants dignes du sang de Racine avaient été le gage de cette heureuse union. Il était tendre pour eux comme son père l'avait été pour lui. En retour, il attendait de leur re-

connaissance les soins que réclamerait bientôt la vieillesse,
et espérait qu'ensuite la main d'un fils lui fermerait les
yeux. Que lui restait-il donc à désirer, sinon que le ciel
protégeât son bonheur, et ne rendît point tant d'espérances
vaines? Mais il ne devait pas être exaucé : un de ces chagrins
pour lesquels il n'y a point de consolation allait désoler son
cœur. Son fils unique, jeune homme de vingt-deux ans,
était récemment parti pour l'Espagne, dans le but de se créer
une fortune indépendante et pure, par des spéculations de
commerce maritime. Il habitait alors Cadix, et le malheur
de sa destinée voulut qu'il fût invité aux fêtes d'un mariage
qui se célébrait aux environs de cette ville. Pour s'y rendre,
il suivait en chaise de poste une chaussée qui longeait le ri-
vage, lorsque la mer sortant soudain de son lit, et s'élançant
bien au delà de ses limites naturelles, l'entraîna dans ses
abîmes. Ce jour fut funeste à bien d'autres; car c'était le
1er novembre 1755, date fatale de cet affreux tremblement
de terre qui consterna toute l'Europe, et détruisit en partie
Lisbonne. Un genre de mort si cruel et si imprévu ajouta
encore à la douleur du malheureux père; et on en sent toute
l'immensité, dans les lignes sublimes de résignation qu'il a
consacrées à la mémoire de ce fils chéri :

« Un fils m'était cher, non parce qu'il était unique, mais
« parce qu'il promettait beaucoup... Dieu me l'avait donné,
« Dieu me l'a ôté : oui, Dieu me l'a ôté, et même par un de
« ces coups imprévus qui rendent la mort terrible à tout
« âge, et surtout dans l'âge des passions. Cependant la vertu
« de mon fils, la bonté de son cœur, la droiture de ses sen-
« timents, la sagesse de ses mœurs, tout me fait espérer que
« Dieu l'a pris dans sa miséricorde, et que c'est moi qu'il
« a frappé par ce grand coup, afin que, me trouvant seul, je
« ne sois plus qu'à lui, et que je passe le reste de mes jours à
« implorer pour moi cette miséricorde que ne mérite point
« une vie si peu conforme aux grandes vérités que dès ma
« jeunesse j'ai eu la hardiesse d'annoncer dans ma poésie.
« Puisse l'affliction dans laquelle je passerai le reste de cette

« vie m'être utile pour l'autre ! Puisse cette religion que
« j'ai chantée arrêter les larmes que la nature veut à tout
« moment me faire verser sur mon fils, et m'en fournir
« d'autres pour pleurer sur moi-même [1] ! »

Ce fils méritait bien, en effet, les larmes qu'il a fait verser ;
c'était un jeune homme plein d'esprit, de grâce, et d'une aimable simplicité. Placé au collége de Beauvais par un père
qui n'*avait rien de plus cher que son éducation*, ses heureuses dispositions y avaient été cultivées par Coffin, l'élégant
poëte latin, et le digne successeur de Rollin dans la direction
de ce célèbre établissement. Doué d'une charmante figure et
de tous les talents d'agrément qui procurent des succès brillants dans le monde, il pouvait se flatter d'en obtenir de
plus solides avec les années. Digne fils des Racine, d'heureux essais semblaient l'appeler à recueillir la succession
poétique de son père et de son aïeul. Car, malgré les efforts
de l'auteur d'*Athalie* pour bannir la poésie de sa maison,
elle y était devenue une portion de l'héritage paternel, et s'y
transmettait comme une religion domestique : tant il est
vrai que les exemples, et surtout ceux des pères, exercent plus
d'empire que les plus sages conseils. Tout en cédant à un irrésistible penchant, à une sorte de prédestination de famille,
le jeune Racine savait, malgré sa jeunesse, éviter des écueils
que la flatterie cherchait à lui cacher. Ses vers faciles avaient
été déjà remarqués, et on l'engageait même à les publier.
Mais il disait que lorsqu'on avait l'honneur de porter le
nom de Racine, on devait s'éprouver longtemps, avant d'oser
affronter les jugements d'un public qui avait le droit de se
montrer sévère. Sa mémoire surtout était étonnante, et rap-
pelait tout à fait celle de son aïeul, qui, à l'âge d'un peu plus de
seize ans, avait appris par cœur le roman grec des *Amours de
Théagène et Chariclée*, afin que le rigide Lancelot, qui déjà
deux fois lui avait arraché ce livre des mains, ne pût l'atteindre
dans cet asile inviolable. Personne n'ignore qu'à la même

[1] Voir la note touchante qui se trouve à la suite du sixième et dernier
chant du poëme de la *Religion*.

époque Jean Racine savait aussi par cœur presque tout *Sophocle* et *Euripide,* qu'il aimait à méditer en s'égarant dans les bois séculaires de l'antique abbaye de Port-Royal des Champs [1]. On hésiterait à rapporter le trait suivant, qui prouve à quel point son petit-fils était doué de la même faculté, si, malgré l'invraisemblance du fait, il n'était attesté par des contemporains et des témoins très-dignes de foi [2]. Sortant un jour d'assister à une première représentation, on lui demanda dans le monde ce qu'il pensait de la pièce nouvelle? « Mais d'abord, répondit-il, la pièce n'est pas nouvelle; « je la connaissais depuis longtemps, et même je la sais par « cœur. » Il se mit aussitôt à en réciter la plus grande partie, de manière à ne laisser aucun doute à ses auditeurs. L'auteur, instruit de ce qui s'était passé, et très-mortifié du rôle assez ridicule que le jeune Racine lui faisait jouer, vint le trouver, pour avoir l'explication de cette énigme. Le jeune homme avoua que ce n'était qu'une plaisanterie qu'il avait imaginée pour amuser la société, et dont il devait tout le succès à sa bonne mémoire. Il ajouta ensuite que la facilité avec laquelle il avait retenu cette pièce était la meilleure preuve de son mérite, et qu'il s'empresserait de réparer le tort que sa légèreté avait pu causer. On conçoit que, secondé par une prodigieuse mémoire, ses progrès avaient dû devancer son âge. Aussi, à vingt-deux ans le fils de L. Racine joignait à la connaissance des langues grecque et latine celle de l'anglais, de l'italien et de l'espagnol, et était déjà initié à ces diverses littératures. Un mérite si précoce était encore rehaussé par une sagesse de conduite qui suppose un véritable héroïsme, ou plutôt un don du ciel, au milieu des plus dangereuses séductions de la jeunesse, du monde et de l'exemple. *Il avait,* disait un de ses contemporains, *l'âme tendre et*

---

[1] La fondation de l'abbaye de Port-Royal des Champs remontait à l'année 1204.

[2] Le lieutenant général marquis de Chasteloger, mort en 1820, à un âge très-avancé, se plaisait à raconter ce fait, et beaucoup d'autres du même genre, qu'il connaissait d'autant mieux qu'il avait été, dans sa jeunesse, intimement lié avec le fils de L. Racine.

religieuse de son aïeul : ainsi chez lui la vertu et les qualités du cœur étaient héréditaires comme le talent.

Lorsque le jeune Racine dut songer à embrasser un état, la raison seule dirigea son choix ; et, malgré son amour pour la poésie, il ne la regarda que comme un noble délassement d'occupations plus sérieuses. Mais son père prouva en cette occasion combien était sincère l'éloignement qu'il avait toujours montré pour la carrière que lui-même avait suivie ; car il ne voulut pas en entendre parler pour son fils, qui, du reste, partageait toutes ses répugnances. L. Racine exprimait avec énergie son opinion à cet égard, dans une lettre adressée à sa femme le 4 juin 1745 :

« Il est vrai, lui dit-il, que j'ai passé ma vie dans un emploi de
« finance, parce que, n'ayant pas de bien, j'ai été obligé de prendre
« ce que m'ont donné de froids protecteurs ; mais j'ai cette con-
« solation que mon fils ne sera jamais réduit à cette triste né-
« cessité. Comme il vous a pour mère, il aura de quoi choisir un
« autre état. De quelque façon que brillent les financiers, ne sou-
« haitez jamais cet éclat à votre fils : ce n'est pas le sien. Ces sen-
« timents ne sont pas nouveaux chez moi ; ils sont écrits depuis
« six ans, dans un papier que vous trouverez après ma mort [1]. »

La cause de ce profond éloignement de L. Racine pour des emplois si recherchés est trop honorable pour la passer sous silence. Il avait pu juger par lui-même de la misère des peuples, due en partie à l'inégale répartition des charges publiques, et à l'avidité de traitants qui étalaient ensuite insolemment le fruit de leurs exactions. Ce spectacle, et la connaissance intime qu'il avait des abus inhérents à l'organisation financière de cette époque, avaient fait sur lui une douloureuse impression. Sa vie, par suite des exigences de ses fonctions, n'avait été qu'une pénible lutte entre ses sentiments d'humanité et ses inflexibles devoirs. Mais, après avoir subi pour son compte la dure loi de la nécessité, il voulait au moins épargner à son fils de semblables épreuves. A cette

[1] *Lettre inédite.*

tendre compassion pour la portion la plus déshéritée et cependant la plus utile de la société, ne reconnaît-on pas le fils de celui qui n'avait pas craint de tracer le tableau de l'état malheureux des peuples, dans un *mémoire* qui fut la cause de ses chagrins, et peut-être de sa mort? Cette généreuse action a été trop peu remarquée dans un temps où le souverain pouvait dire : *L'État, c'est moi!* Mais, aux yeux de l'équitable postérité, elle doit ajouter un nouveau lustre à la gloire du grand homme qui sut rehausser les dons du génie par les sentiments du plus pur patriotisme [1]. Ces sentiments étaient devenus héréditaires dans la famille de Racine. Aussi son petit-fils, docile aux leçons qu'il avait reçues, ne voulut-il demander qu'à d'honorables spéculations, et non à de coupables abus, une fortune indépendante, *et pure de toute iniquité*, comme il le disait à son père [2]. C'est dans ce but qu'il

---

[1] C'est moins le génie du poëte que le cœur du grand citoyen qui a inspiré les beaux vers que Racine met dans la bouche de Joad ; mais il fallait être Fénelon ou Vauban, pour les comprendre alors. Il a été donné au génie seul d'être, en quelque sorte, le contemporain de l'avenir. Le grand prêtre adresse ainsi ses derniers conseils à Joas :

> O mon fils, de ce nom j'ose encor vous nommer,
> Souffrez cette tendresse, et pardonnez aux larmes
> Que m'arrachent pour vous de trop justes alarmes.
> Loin du trône nourri, de ce fatal honneur,
> Hélas! vous ignorez le charme empoisonneur ;
> De l'absolu pouvoir vous ignorez l'ivresse,
> Et des lâches flatteurs la voix enchanteresse.
> Bientôt ils vous diront que les plus saintes lois,
> Maîtresses du vil peuple, obéissent aux rois ;
> Qu'un roi n'a d'autre frein que sa volonté même ;
> Qu'il doit immoler tout à sa grandeur suprême ;
> Qu'aux larmes, au travail, le peuple est condamné,
> Et d'un sceptre de fer veut être gouverné ;
> Que s'il n'est opprimé, tôt ou tard il opprime.
> Ainsi de piége en piége, et d'abîme en abîme,
> Corrompant de vos mœurs l'aimable pureté,
> Ils vous feront enfin haïr la vérité,
> Vous peindront la vertu sous une affreuse image.
> Hélas! ils ont des rois égaré le plus sage.
> Promettez sur ce livre, et devant ces témoins,
> Que Dieu fera toujours le premier de vos soins ;
> Que, sévère aux méchants et des bons le refuge,
> Entre le pauvre et vous, vous prendrez Dieu pour juge,
> Vous souvenant, mon fils, que, caché sous ce lin,
> Comme eux vous fûtes pauvre, et comme eux orphelin.
>> (*Athalie*, acte IV, scène III.)

[2] Voir la note qui termine le poëme de la *Religion*.

avait renóncé à sa patrie et à ses goûts les plus chers, pour se rendre aux extrémités de l'Espagne, où sa destinée venait de s'accomplir d'une manière si cruelle.

Lorsque ce fatal voyage fut définitivement résolu, le poëte lyrique Lebrun, l'élève de L. Racine, le contemporain et l'ami de son fils, tenta un dernier effort pour ramener au culte paisible des Muses un *félon* qui les abandonnait pour des dieux étrangers. Quelques strophes de l'ode qu'il lui adressa lorsqu'il partait pour Cadix achèveront de faire connaître l'intéressant jeune homme qui laissait après lui tant de regrets, et emportait tant d'espérances :

> Quoi! tu fuis les neuf Sœurs pour l'aveugle Fortune!
> Tu quittes l'Amitié, qui pleure en t'embrassant!
> Tu cours aux bords lointains où Cadix voit Neptune
>   L'enrichir en la menaçant!
>
> Sur les flots, où tu suis la déesse volage,
> Puissent de longs regrets ne point troubler ton cours!
> Les Muses, l'Amitié, ces délices du sage,
>   N'ont point d'infidèles retours.
>
> Ton père nous guida tous deux sur le Parnasse :
> Nos jeunes pas erraient dans les mêmes sentiers;
> Nos jeunes cœurs, épris de Tibulle et d'Horace,
>   Aspiraient aux mêmes lauriers.
>
> Quel doux soleil nous vit, pleins de tendres alarmes,
> Pleurer avec *Junie* et *Monime*, tes sœurs!
> Infidèle à ton nom, infidèle à tes larmes,
>   Quel bien te vaudra ces douceurs?
>
> Je demeure, et tu pars! comme un tilleul paisible
> Qui borne ses destins à de riants vallons,
> Quand le pin hasardeux fend la vague terrible,
>   Et s'abandonne aux aquilons.
>
> O combien ton aïeul frémit, au sombre empire,
> De voir qu'impatient des trésors du Bétis,
> Son fils, son doux espoir, sur un frêle navire
>   Se livre aux fureurs de Thétis [1]!

[1] Œuvres de Lebrun (Écouchard); Paris, 1811, 4 volumes, tome Ier,

La fin tragique de cet infortuné jeune homme, si douloureuse pour les siens, si triste pour ses amis, ne fut pas seulement un malheur privé : le public, en France et en Espagne, y prit une vive part, et deux poëtes célèbres se rendirent l'interprète de ses regrets. Le Franc de Pompignan adressa au malheureux père des *stances* pleines de sentiment, qu'on ne peut lire sans une sympathique émotion [1]; Lebrun, qui avait vainement tenté de retenir son ami aux rivages de la patrie en lui faisant entendre le langage de la poésie et du cœur, parce que celui de la raison parlait plus haut ; Lebrun voulut au moins consacrer sa mémoire dans les dernières strophes de sa belle *ode sur les causes physiques des tremblements de terre* [2].

ode XIII, *A mon ami le jeune Racine partant pour Cadix, et quittant les Muses pour le commerce.*

[1] Voici quelques-unes de ces *stances* touchantes :

...Il n'est plus, et sa tendresse,
Aux derniers jours de ta vieillesse,
N'aidera point tes faibles pas !
Ami, ses vertus, ni les tiennes,
Ni ses mœurs douces et chrétiennes,
N'ont pu le sauver du trépas.

Cet objet des vœux les plus tendres
N'ira point déposer tes cendres
Sous ce marbre rongé des ans,
Où son aïeul, et ton modèle,
Attend la dépouille mortelle
De l'héritier de ses talents.

Loin de tes yeux, loin de sa mère,
Au sein d'une plage étrangère,
Son corps est le jouet des flots ;
Mais son âme, du ciel chérie,
N'en doute point, dans sa patrie
Jouit d'un éternel repos.

O lois saintes ! ô Providence !
C'est bien souvent sur l'innocence
Que tombent tes coups redoutés.
Un enfant du siècle prospère :
L'homme qui n'a que Dieu pour père
Gémit dans les adversités.

Cher Racine, sa main te frappe,
Tandis que le coupable échappe
Au déluge ardent de ses traits.
Quel cœur vertueux et sensible,
Ou quelle âme assez inflexible
Te refusera des regrets ?

Quand l'infortune suit tes traces,
Autant que mes propres disgrâces,
Mon amitié sent tes malheurs.
Mais que pourrait son assistance ?
Dieu te donnera la constance :
Tu n'auras de moi que des pleurs.

(LE FRANC DE POMPIGNAN.)

[2]

La tempête, agitant ses ailes
Comme un effroyable vautour,
Couvre les yeux d'ombres mortelles,
Et des mers fait l'immense tour :
Des reflux troublant l'harmonie,
Autour de la froide Hibernie
L'onde bondit de toutes parts ;
Tandis que sa vague rapide
Va, sous les colonnes d'Alcide,
De Cadix noyer les remparts.

Toi qui grondes sur ces rivages,
Mer, si tu connais la pitié,
Épargne au moins dans tes ravages
L'objet de ma tendre amitié !
Hélas ! aux rives du Permesse,
Le même âge, la même ivresse
Autrefois emporta nos pas !
Les Muses... Quel destin bizarre,
Quelle divinité barbare
T'enlève à jamais de leurs bras ?

Ainsi périt, à la fleur de son âge, celui qui devait continuer le nom et peut-être la gloire de Racine ; car déjà on trouvait à louer en lui autre chose que l'espérance. La nature se plaît souvent à renfermer dans un court espace de temps la perfection des êtres que crée son éternelle fécondité ; puis, comme pour se jouer ensuite de notre admiration et de ses œuvres, elle ne leur laisse qu'une durée proportionnée à leur rapide accroissement, la durée d'un matin !!

Mais, avant d'aller plus loin, il est juste de consacrer un souvenir aux deux poëtes qui venaient de faire entendre leurs plaintes harmonieuses. Tous deux étaient chers à L. Racine à divers titres : l'un était son ami, et l'autre son élève de prédilection. Une fraternité de goûts, d'études et de principes religieux, l'unissait depuis longtemps à le Franc de Pompignan, qu'on connaîtrait bien peu si on le jugeait par les mordantes épigrammes de Voltaire qui poursuivait en lui l'ennemi du parti philosophique. Poëte distingué, le Franc de Pompignan occupe une place honorable dans la littérature du dix-huitième siècle, et quelques-uns de ses vers vivront autant que la langue. Magistrat ferme et courageux, il se montra toujours l'appui du faible et de l'opprimé. Premier président d'une cour souveraine, il ne craignit pas de faire arriver jusqu'au pied du trône d'austères *remontrances*. Mais, homme de bien avant tout, la vie de le Franc de Pompignan

Reviens... la mer s'élance... Arrête !
Vois, crains, fuis ces flots suspendus !
Ils retombent !... Dieux ! la tempête
L'entraîne à mes yeux éperdus.
Divin Racine, ombre immortelle !
Ton fils... il expire ; il t'appelle.
Volez, Muses, Grâces, Amours ;
Volez, sa bouche vous implore !
Toi, déesse plus chère encore,
Amitié, vole à son secours !

Quels lauriers ceindront sa jeunesse,
S'il peut vaincre un destin jaloux ?
Que ses vertus et ma tendresse,
O mer, désarment ton courroux !
Tu fuis en étalant ton crime...

La parque saisit sa victime,
Et détourne ses yeux sanglants ;
Ses yeux même en versent des larmes ;
Les Amours regrettent ses charmes,
Et les Arts pleurent ses talents.

O Muses, recueillez ces restes
Que l'onde et la parque ont flétris !
Disputez à ces mers funestes
Un triste et précieux débris !
Et toi, dont j'adore la cendre,
Si tes mânes daignaient entendre
Des chants consacrés à ta mort,
Que, pénétrant la rive sombre,
L'Amitié console ton ombre
Des injustes rigueurs du sort !

(LEBRUN, t. I, ode XVIII, *Sur les causes physiques des tremblements de terre, et sur la mort du jeune Racine.*)

était le christianisme en action, dans son expression la plus
élevée. L. Racine était le confident des travaux de son ami,
et, aussi sincère dans ses conseils que dans son amitié, il l'a-
vait engagé à renoncer à traduire en vers français les *Géorgiques* de Virgile. La connaissance si parfaite qu'il avait des
anciens, et le sentiment exquis des beautés de leurs œuvres
inimitables, lui faisaient regarder cette entreprise comme téméraire. Depuis il modifia son opinion trop absolue ; et nous
le verrons bientôt encourager d'heureux essais tentés dans cette
voie par un poëte adolescent, encore inconnu. Plus jeune
que L. Racine, le Franc de Pompignan lui survécut assez longtemps. Il avait recueilli chez lui une partie des livres de son
ami, et il en disposa plus tard en faveur de la bibliothèque
de la ville de Toulouse, qui était presque sa patrie. Quant à
Lebrun, L. Racine avait pour lui un sentiment tout paternel :
c'était l'ami de son fils, et il s'était plu à cultiver avec un soin
égal les heureuses dispositions de ces deux jeunes gens, à
peu près du même âge. On peut dire de ce célèbre lyrique que
son astre en naissant l'avait formé poëte, et qu'à l'exemple
d'Ovide *il bégaya des vers au sortir du berceau ;* car dès l'âge
de douze ans il en composait qui n'ont pas été jugés indignes
d'être conservés. Frappé d'une vocation si extraordinaire,
L. Racine avait mis un vif intérêt à l'initier à tous les secrets
de son art, l'encourageant surtout à prendre les anciens pour
modèle. Le disciple prouva qu'il était digne du maître ; et
depuis, en témoignage de sa reconnaissance, il ne cessa de
se donner avec orgueil le titre d'*élève du second Racine*.

Tout souriait alors à Lebrun, et les plus séduisantes pers-
pectives s'offraient à sa jeune et ardente imagination. Nommé
secrétaire des commandements du prince de Conti presque
au sortir du collége, où il s'était signalé par de brillants succès, sa réputation et sa fortune devaient s'accroître avec les
années. Mais la seconde partie de sa vie donna un triste dé-
menti à la première. Infidèle aux leçons et surtout aux exemples du *maître*, infidèle à la mission du poëte, il était destiné
à expier par une vieillesse sans honneur les torts de sa con-

duite privée, et le déplorable abus qu'il avait fait des dons de l'esprit. Qu'importe le talent et même le génie, quand il prostitue son encens aux divinités infernales [1]?

Au nombre des amis qui compatirent le plus vivement aux chagrins de L. Racine, il en est un dont le nom ne doit pas être oublié : c'est celui de l'abbé de Pomponne, dernier reste de l'illustre famille des Arnauld. L'absence de ce nom qui a jeté tant d'éclat serait une lacune dans la biographie qui nous occupe, car des liens plus que séculaires unissaient les Racine et les Arnauld. Leur liaison datait surtout du séjour que firent en 1638, à la Ferté-Milon, quelques-uns des solitaires de Port-Royal obligés de quitter leur retraite, à la suite de ce qu'ils appelaient *leur première dispersion*. Cette crise passée, ils rentrèrent dans leur solitude, et rendirent à la famille Racine l'hospitalité affectueuse qu'ils en avaient reçue. Plusieurs générations de leurs hôtes de la Ferté-Milon vinrent alors s'abriter sous le toit de Port-Royal, les unes pour apprendre à mourir en méditant les vérités éternelles, et les plus jeunes pour embrasser la vie religieuse, ou s'y former aux sciences humaines sous les plus habiles maîtres du siècle [2]. L'histoire des Arnauld se confond en quelque sorte avec celle de Port-Royal des Champs, qui n'était guère que la réunion des membres de cette famille et de ses amis. Mais, malgré son petit nombre et sa courte existence, cette société célèbre a laissé d'impérissables souvenirs de science et de vertu. C'est son éternel honneur d'avoir par ses ouvrages fixé la langue française, et produit des hommes tels que les Arnauld, les deux le Maître, Pascal, Lancelot, Nicole et Racine. Les femmes contribuaient de leur côté à l'illustration de la famille Arnauld. La première mère Angélique, la mère Agnès, la mère Angélique de Saint-Jean, nièce des précédentes, et toutes les trois abbesses de Port-

[1] Ponce-Denis-Écouchard Lebrun, né à Paris en 1729, mort dans la même ville en 1807 ; l'un des trois grands lyriques français.

[2] Jean Racine. Sa tante, qui depuis fut abbesse, et son aïeule, vinrent à peu près à la même époque habiter Port-Royal des Champs.

Royal, joignaient l'esprit le plus cultivé à une éminente
vertu. Enfin cette célèbre école, devenue l'asile des âmes les
plus ardentes et les plus élevées, le foyer de toutes les har-
diesses de la pensée, a eu la gloire de préparer et d'ouvrir
une ère mémorable pour le monde intellectuel, *le siècle de
Louis XIV*. Mais pourquoi n'a-t-elle pas borné là son ambition? pourquoi s'est-elle laissé dominer par l'esprit de secte,
par ce désir immodéré de dogmatiser, et d'innover dans les
matières religieuses? Cette déplorable ambition de se distin-
guer par une rigidité d'opinions et des maximes jusqu'alors
inconnues, causa de longs troubles dans l'Église, et menaça
même la tranquillité de l'État. Elle amena enfin la destruc-
tion de Port-Royal par des moyens barbares qu'on doit à
jamais déplorer, et qu'il faut avoir le courage de flétrir[1]. Flétrir les abus, c'est servir la cause du pouvoir lui-même; car
il se perd plus souvent encore par ses excès que par sa dé-
faillance. Les erreurs de l'esprit, quoique déplorables, ne
doivent être combattues qu'avec les armes de la douceur et
de la persuasion, les seules que la raison avoue. Il a fallu
de longs siècles et de bien douloureuses expériences pour
faire triompher cette vérité, précieuse conquête des temps
modernes, et fruit tardif des malheurs de l'humanité[2].

[1] La religion n'a besoin, pour vaincre l'erreur, que de sa seule force
d'expansion; et les lois, quelque sévères qu'on les suppose, ne la feront
jamais pénétrer dans les âmes. Ces rigueurs ne produiraient d'autre effet
que de communiquer à ce qui est *divin* l'infirmité des choses humaines, et
l'impopularité qui s'attache souvent au pouvoir. Les idées de tolérance ne
sont pas nouvelles, quoique leur triomphe soit récent; et il n'est pas nécessaire, pour les autoriser, de recourir aux déclamations des philosophes
du siècle dernier. Tertullien, placé près du berceau du christianisme, faisait déjà entendre ce beau cri de liberté en faveur de la conscience op-
primée, dès la fin du deuxième siècle :

« Prenez garde, disait-il, que ce ne soit une espèce d'irréligion, d'ôter
« la liberté de religion et l'option de la Divinité; de ne pas me permettre
« d'adorer le Dieu que je veux adorer; de me contraindre d'adorer celui
« que je ne veux point adorer. Quel Dieu recevra les hommages forcés?
« un homme n'en voudrait pas. » (Tertullien, *Apologétique*, chap. XXIV.)

[2] Voici le tableau saisissant que trace un célèbre contemporain de la des-
truction de Port-Royal des Champs :

« Il fut donc rendu un arrêt du conseil, en vertu duquel, la nuit du 28
au 29 octobre, l'abbaye de Port-Royal des Champs se trouva secrètement

A l'époque de la vie de L. Racine que nous venons d'atteindre, la famille Arnauld, qui avait donné à l'État et à l'Église des ambassadeurs, des ministres, des évêques, des magistrats, des officiers, etc., cette famille si nombreuse au dix-septième siècle, qu'on l'appelait une *tribu*[1], se trouvait, comme nous l'avons dit, réduite à un seul membre. L'abbé de Pomponne était le dernier survivant des onze enfants du marquis de Pomponne, ministre des affaires étrangères, à

investie par des détachements des régiments des gardes françaises et suisses; et, vers le milieu de la matinée du 29, d'Argenson arriva dans l'abbaye avec des escouades du guet et d'archers. Il se fit ouvrir les portes, fit assembler toute la communauté au chapitre, montra une lettre de cachet, et, sans leur donner plus d'un quart d'heure, l'enleva tout entière. Il avait amené force carrosses attelés, avec une femme d'âge dans chacun; il y distribua les religieuses suivant les lieux de leur destination, qui étaient différents monastères à dix, à vingt, à trente, à quarante et jusqu'à cinquante lieues du leur, et les fit partir de la sorte, chaque carrosse accompagné de quelques archers à cheval, comme on enlève les créatures publiques d'un mauvais lieu. Je passe sous silence tout ce qui accompagna une scène si touchante et si étrangement nouvelle. Il y en a des livres entiers.

« Après leur départ, Argenson visita la maison des greniers jusqu'aux caves, se saisit de tout ce qu'il jugea à propos, qu'il emporta; mit à part tout ce qu'il crut devoir appartenir à Port-Royal de Paris, et le peu qu'il ne crut pas pouvoir refuser aux religieuses enlevées; et s'en retourna rendre compte au roi et au père Tellier de son heureuse expédition. Les divers traitements que ces religieuses reçurent dans leurs diverses prisons, pour les forcer à signer sans restriction, est la matière d'autres ouvrages, qui, malgré la vigilance des oppresseurs, furent bientôt entre les mains de tout le monde, dont l'indignation publique éclata à tel point que la cour et les jésuites même en furent embarrassés.

« Mais le père Tellier n'était pas homme à s'arrêter en si beau chemin. Il faut achever cette matière de suite, quoique le reste appartienne aux premiers mois de l'année suivante. Ce ne furent qu'arrêt sur arrêt du conseil, et lettre de cachet sur lettre de cachet. Il fut enjoint aux familles qui avaient des parents enterrés à Port-Royal des Champs, de les faire exhumer et porter ailleurs; et on jeta dans le cimetière d'une paroisse voisine tous les autres comme on put, avec l'indécence qu'on se peut imaginer. Ensuite on procéda à raser la maison, l'église et tous les bâtiments, comme on fait les maisons des assassins des rois, en sorte qu'enfin il n'y resta pas pierre sur pierre. Tous les matériaux furent vendus, et on laboura et sema la place; à la vérité ce ne fut pas de sel : c'est toute la grâce qu'elle reçut. Le scandale en fut grand jusque dans Rome. Je me borne à ce simple et court récit d'une expédition si militaire et si odieuse. »

(*Mémoires du duc de Saint-Simon*, ch. XXXVI, t. VII.)

[1]. Le père d'Arnauld d'Andilly avait eu vingt enfants, d'Andilly quinze, et le marquis de Pomponne en avait laissé onze.

qui madame de Sévigné a rendu ce beau témoignage :
« M. de Pomponne n'était pas de ces ministres sur qui une
« disgrâce tombe à propos, pour leur apprendre l'humanité
« qu'ils ont presque tous oubliée : la fortune n'avait fait
« qu'employer les vertus qu'il avait pour le bonheur des
« autres; on l'aimait, et surtout parce qu'on l'honorait in-
« finiment. » (Lettre du 22 novembre 1679.) L'abbé lui-
même, formé à l'école de son père, avait dignement marché
sur ses traces, et était devenu ambassadeur et conseiller
d'État. Mais son heure approchait aussi; il pliait sous le
poids des ans, et mourut en 1756, peu de mois après le fils
de L. Racine, dont il avait déploré la perte.

Ainsi, les deux derniers représentants des familles qui ont
le plus honoré Port-Royal se donnaient en quelque sorte
rendez-vous sur une tombe, comme pour se dire un éternel
adieu, prêts à y descendre eux-mêmes et à s'y ensevelir avec
leur nom [1].

[1] Henri-Charles Arnauld, dit l'abbé de Pomponne, était le troisième
fils du marquis de Pomponne, qui, après avoir été ambassadeur près de
diverses puissances, avait remplacé M. de Lionne au ministère des affaires
étrangères. Lorsque l'abbé de Pomponne perdit son père, Louis XIV lui
adressa ces touchantes paroles : *Vous pleurez un père que vous retrou-
verez en moi ; et moi je perds un ami que je ne retrouverai plus.* Il fut
pourvu de la riche abbaye de Saint-Médard, de Soissons, devint conseiller
d'Etat ordinaire, ambassadeur à Venise, etc. Louis XV eut pour lui la même
bienveillance que son aïeul, et lui en donna des preuves lorsque l'abbé
de Pomponne déféra au parlement le livre de l'*Esprit de J. C. et de l'É-
glise sur la fréquente communion*, dans lequel le P. Pichon attaquait la
mémoire du docteur Arnauld, son grand-oncle. Voici ce que raconte à ce
sujet L. Racine dans ses *lettres inédites* datées de 1748 :
« La requête de l'abbé de Pomponne au parlement est véritable; il
« est hardi, parce qu'on respectera son âge.......................................
« Pour engager l'abbé de Pomponne à retirer sa plainte du parlement,
« M. le chancelier lui a promis de demander pour lui justice au roi, et
« l'a fait. Le roi a trouvé que c'était fort mal au P. Pichon d'avoir of-
« fensé par des termes si affreux toute la famille *Pomponne*, et qu'il
« était juste d'en faire réparation; et, parlant de cette affaire à son petit
« souper, il a dit : *Moi, j'aime bien l'abbé de Pomponne.* Le lendemain,
« l'abbé a eu les compliments de tous ceux qui étaient au souper, et il est
« revenu triomphant. Il compte faire assembler sa famille le jour que les
« jésuites viendront faire réparation à la mémoire de M. Arnauld, et il a
« retiré sa requête. Vous pouvez apprendre cette nouvelle à M. de Sois-

Après la mort de son fils, L. Racine tomba dans une mélancolie profonde, mais toujours douce et résignée; et ne
traîna, pendant quelques années encore, qu'une existence
languissante. Il fit à sa douleur le sacrifice de ses goûts les
plus chers, en renonçant aux études qui avaient eu tant de
charme pour lui; et, voulant s'ôter jusqu'à la possibilité d'y
revenir, il se défit de sa belle bibliothèque. Cette bibliothèque
formée par son père, et augmentée par ses soins personnels,
s'était encore enrichie de la partie la plus précieuse, de celle
de son frère aîné Jean-Baptiste Racine, qui avait passé sa vie
à rassembler des ouvrages rares. Il ne fit exception que pour
les livres saints, qu'il mit du prix à conserver, parce que ceux-
ci l'entretenaient d'un monde dans lequel il avait concentré
toutes ses pensées et ses espérances immortelles. Une collection d'estampes d'une valeur considérable, et à laquelle il
avait tenu beaucoup aussi dans des jours meilleurs, eut le
même sort que la bibliothèque. Enfin, pour consommer le
sacrifice des objets qu'il avait aimés, ou qui lui retraçaient
des souvenirs chers et glorieux à la fois, il offrit à la bibliothèque du Roi la portion la plus précieuse de son héritage,
c'est-à-dire un grand nombre de livres et de manuscrits provenant de son père. On en trouvera la nomenclature complète à la suite de sa vie; et, par les notes qui accompagnent
chaque article, on peut juger de la valeur de ce don ma-
gnifique.

Uniquement occupé désormais de l'étude des grandes vérités du christianisme, et *dévorant*, selon la pensée de saint
Augustin, *l'horizon de l'avenir*, cette continuelle méditation

....

sons..

« Je prévois que M. le chancelier endormira notre abbé de Pomponne
« comme il a cru m'endormir au sujet de la *Vie* de mon père. Il n'est plus
« question de cette authentique réparation, à laquelle tous les parents du
« côté *Arnauld* devaient être présents. On dit qu'il suffit d'une lettre
« d'excuses, écrite par le P. Pichon, qui est à cinquante lieues; il faut la
« lui demander et l'attendre. Pendant ce temps la vivacité de l'abbé se
« calmera, et elle l'est déjà beaucoup, depuis qu'il sait que le roi l'aime
« bien. »

(*Extrait de diverses lettres inédites de L. Racine à sa femme.*)

lui donna l'idée d'épancher son cœur en composant quelques
ouvrages ascétiques. Mais comprenant ensuite que les inspirations de la piété, même la plus ardente, ne suffisent pas,
et que ces sortes d'ouvrages, pour être utiles, exigent avant
tout une rigoureuse exactitude, il en défendit la publication.
Il craignait de fournir, contre son gré, un nouvel aliment aux
controverses théologiques, si vives de son temps, et dans lesquelles la passion avait souvent plus de part que l'amour de
la vérité. Ses pieux scrupules ont été religieusement respectés
par sa famille ; et, selon toute apparence, ces écrits, fruits de
la plus tendre piété, ne verront jamais le jour.

Les sages précautions que L. Racine avait prises pour ses
ouvrages ascétiques étaient d'accord avec la conduite prudente et réservée qu'il avait toujours tenue pendant sa vie.
Malgré les opinions qu'on lui a attribuées sur certaines matières, il ne s'est jamais mêlé à aucune des querelles religieuses qui ont agité ses contemporains. S'il avait des relations
avec l'ordre de l'Oratoire et des maisons de chartreux qui
passaient pour être favorables au jansénisme, il voyait aussi
les jésuites, qui y étaient fort opposés : sa correspondance
inédite en fait foi. Son père, malgré son attachement bien
connu pour Port-Royal, ne professait-il pas le même sentiment pour les pères Bourdaloue, Bouhours et Rapin? C'est
que les hommes vraiment supérieurs vivent dans une sphère
élevée où les passions vulgaires ne pénètrent pas ; et si quelques divergences d'idées et de croyances les éloignent, de
nombreux points de contact et une mutuelle estime les rap-
prochent. L. Racine honorait la vertu partout où il croyait
en reconnaître le sacré caractère, et sans aucune distinction
de parti ; la lettre suivante, écrite dans les derniers temps de
sa vie, en est la preuve touchante :

« Vous n'avez pas oublié, monsieur, les vers que M. de
« Voltaire m'adressa autrefois au sujet de mon poëme sur *la*
« *Grâce*, et vous m'avez dit souvent comme lui : *Ton Dieu n'est pas*
« *le mien*. L'union qui a toujours régné entre nous, malgré la
« diversité de nos sentiments, est la preuve que nous servons tous

« deux le même Dieu. Je suis même persuadé que nous le prions
« tous deux de même ; et que quand vous êtes à ses pieds, l'aveu
« de votre néant vous fait dire les mêmes choses qui, dans mes
« vers, vous paraissent donner quelque atteinte à la liberté ; et,
« quelque riche que vous soyez en bonnes œuvres (puissé-je l'être
« autant !), je suis convaincu que vous lui dites comme moi :

   « Voyez votre œuvre en moi, n'y voyez pas la mienne,

« parce que l'humilité vous inspire naturellement ce qu'elle ins-
« pirait à saint Augustin : *Opus tuum in me vide, non meum.* Vous
« avez toujours rendu justice à mes intentions ; vous savez que je
« n'ai jamais eu dessein de séduire personne, etc. »

L. Racine avait eu peu de chose à changer au genre de vie
qu'il avait adopté depuis longtemps, pour le mettre en harmonie avec la triste situation de son âme. En terminant le
poëme qui a fondé sa réputation lorsque tout lui souriait
dans le présent et dans l'avenir, il avait dit à la religion, dans
une invocation dernière :

   Sois de tous mes désirs la règle et l'interprète,
   Et que ta seule gloire occupe ton poëte !

Pour se montrer fidèle à ce vœu de son cœur, ainsi qu'aux
vérités qu'il avait chantées, il avait entièrement renoncé,
depuis cette époque, à fréquenter le théâtre. La société de
quelques amis, les assemblées de l'Académie, auxquelles il se
fit toujours un devoir d'assister, et la culture des fleurs,
formaient ses seules distractions, au milieu de toutes celles
qu'offre le séjour d'une grande capitale. Il avait loué, pour
se livrer à ce goût innocent de la culture des fleurs, un petit
jardin situé au faubourg Saint-Denis ; et, dans la belle saison,
il s'y rendait tous les jours, du centre de Paris, où était établie
sa demeure [1]. *Ce petit coin de terre vaut pour moi tous les
mondes,* pouvait-il dire aussi avec Horace parlant de son
jardin d'un demi-arpent, semé de mauves et arrosé d'un
filet d'eau.

Mais, depuis la mort de son fils, il passait dans cette soli-

____

[1] Rue Sainte-Anne, nº 106, près des Nouvelles-Catholiques.

tude deux jours entiers de chaque semaine, le vendredi et le samedi, pour se livrer avec plus de liberté à de pieuses et tristes méditations. Quelques amis, pleins de sympathie pour la douleur sacrée d'un père, avaient seuls le privilége de pénétrer jusqu'à lui, et de l'arracher un instant à ces cruelles préoccupations. C'est dans ce lieu que, par une flatteuse exception, il accueillit Delille, bien jeune alors, qui venait lui soumettre sa traduction des *Géorgiques*. Le traducteur de Virgile avait gardé un profond souvenir de cette circonstance de sa vie, et il l'a racontée d'une manière touchante dans sa préface de l'*Homme des champs*.

« Lorsque, presque enfant encore, dit-il, j'eus traduit
« quelques livres de ce poëme, j'allai trouver le fils du
« grand Racine. Son poëme sur la religion, dont la poésie
« est toujours élégante et naturelle, et quelquefois sublime,
« me donnait la plus haute idée de son goût comme de ses
« talents. J'allai le trouver, et lui demandai la permission de
« le consulter sur une traduction en vers des *Géorgiques*.
« *Les Géorgiques!* me dit-il d'un ton sévère; *c'est la plus*
« *téméraire des entreprises. Mon ami M. le Franc, dont*
« *j'honore le talent, l'a tentée, et je lui ai prédit qu'il*
« *échouerait.* Cependant le fils du grand Racine voulut bien
« me donner un rendez-vous dans une petite maison où il
« se mettait en retraite deux fois par semaine, pour offrir à
« Dieu les larmes qu'il versait sur la mort d'un fils unique,
« jeune homme de la plus haute espérance, et l'une des
« malheureuses victimes du tremblement de terre de Lis-
« bonne. Je me rendis dans cette retraite; je le trouvai dans
« un cabinet au fond du jardin, seul avec son chien, qu'il pa-
« raissait aimer extrêmement [1]. Il me répète plusieurs fois

[1] Ce chien méritait en effet toute son affection, par les touchantes marques de fidélité qu'il lui avait données. Cependant ses habitudes de familiarité étaient devenues si incommodes, que madame Racine avait décidé son mari à s'en défaire. Il fut envoyé pour cela à une grande distance de Paris; mais, peu de jours après, il revint furtivement dans la maison de ses maîtres; et, sentant bien qu'il n'était plus en faveur, il alla se blottir dans la ruelle du lit de Racine. Le soir, lorsque celui-ci se disposait à se

« combien mon entreprise lui paraissait audacieuse. Je lis,
« avec une grande timidité, une trentaine de vers ; il m'arrête
« et me dit : *Non-seulement je ne vous détourne plus de
« votre projet, mais je vous exhorte à le poursuivre* [1]. J'ai
« senti peu de plaisirs aussi vifs dans ma vie. Cette entrevue,
« cette retraite modeste, ce cabinet, où ma jeune imagination
« croyait voir rassemblés la piété tendre, la poésie chaste et
« religieuse, la philosophie sans faste, la paternité malheu-
« reuse mais résignée, enfin le reste vénérable d'une illustre
« famille prête à s'éteindre faute d'héritiers, mais dont le nom
« ne mourra jamais, m'ont laissé une impression forte et
« durable. Je partis plein d'ardeur et de joie, croyant avoir
« entendu non-seulement la voix du chantre de la religion,
« mais quelques accents de l'auteur d'*Athalie*, et je suivis
« ma pénible entreprise. » Cette entrevue se termina par
l'assurance donnée au jeune poëte d'être toujours le bien-
venu lorsqu'il lui conviendrait de revenir ; et il se garda bien
de négliger une pareille invitation.

A la fin du siècle dernier, Delille, retiré à Londres, se plaisait à raconter, avec toute la vivacité des impressions de la
première jeunesse, ces souvenirs de cinquante ans à la
mère de celui qui écrit ces lignes. Ce spirituel et aimable
poëte avait pour elle une tendre et respectueuse affection ;
et dans une femme bien jeune alors, et *transplantée sous
un ciel étranger*, il honorait le sang de Racine [2] qui cou-

coucher, le chien vint timidement lui lécher les pieds ; puis, effrayé de son
audace, alla reprendre son premier gîte. Racine, touché de l'attachement
de ce fidèle animal, lui permit de rentrer dans ses anciens priviléges ; et
depuis, la nuit comme le jour, il redevint son inséparable compagnon.

[1] La modestie de Delille ne lui a pas permis de reproduire les propres
paroles de L. Racine ; mais les voici, telles qu'il les rapportait dans l'abandon de la conversation à la mère de l'auteur de cette biographie. Racine,
après avoir écouté la lecture de Delille avec un visible intérêt, lui dit :
*Continuez ; non-seulement votre traduction est bonne, mais encore c'est
ce que nous aurons de mieux dans notre langue.*

[2] Delille, voulant rendre sur la terre étrangère un gracieux hommage
à la mémoire de ceux qu'il appelait ses *maîtres*, donna à leur jeune des-
cendante une fête toute *racinienne*. Il y avait convié l'ambassadeur de
Russie, ainsi qu'un grand nombre de notabilités de nations différentes,

lait dans ses veines. Il ne cessait de lui parler de son admiration et de sa reconnaissance pour ses *pères*, ses *maîtres à lui*, et en particulier de sa haute estime pour Louis Racine. Dans son opinion, qui était aussi celle de la Harpe, ce fils d'un homme de génie n'avait pas été assez apprécié comme poëte. Il l'attribuait à l'indifférence pour les matières religieuses, particulière au siècle où il avait vécu, et qui seule avait empêché de rendre complète justice à un beau talent noblement employé.

Louis Racine, qui se montrait si disposé à aider de ses conseils les jeunes poëtes qui débutaient dans la carrière, avait eu le mérite plus rare de rester fidèle à l'amitié d'un vétéran du Parnasse, que de nombreux et puissants ennemis poursuivaient avec un implacable acharnement. Il aima Jean-Baptiste Rousseau, et lui prodigua des consolations et les témoignages du plus tendre intérêt, car le malheur était sacré pour lui. C'est en 1731, pendant que L. Racine résidait à Lyon, que leurs premiers rapports se nouèrent par l'entremise de Brossette [1], auteur d'un *commentaire* estimé sur

mais que réunissait l'amour de notre littérature, et un commun sentiment d'admiration pour le génie qui, quoique invisible, présidait à cette fête. Lorsque la fille des Racine parut, l'aimable aveugle, conduit par mademoiselle Vauchamp, vint à sa rencontre, lui prit les mains, les baisa respectueusement, et lui dit, avec sa grâce charmante, « qu'il mettait à ses pieds ses faibles talents, et sollicitait, de la petite-fille de si illustres poëtes, les encouragements que son aïeul avait daigné lui donner; que l'indulgence et le génie devaient être héréditaires dans sa race, comme la vertu. » Les arts, frères de la poésie, contribuèrent à embellir cette fête. Chield et les Damiani, alors en grande réputation comme chanteurs, se firent entendre; et l'un de ces derniers, qui était aussi improvisateur, trouva de belles inspirations pour louer dignement les gloires anciennes, et le vieux poëte qui leur rendait un reconnaissant hommage. Delille, qui n'avait pas de rival dans l'art de lire les vers, récita un morceau pathétique de son poëme de la *Pitié*, encore inédit. Au moment de se séparer, une guirlande de roses que portait la petite-fille des Racine lui fut enlevée, chacun voulant avoir sa part de cette sorte de trophée, en souvenir de cette poétique soirée.

[1] Claude Brossette, seigneur de Varennes. — Rappetour, avocat au parlement de Paris et aux cours de Lyon, y naquit en 1671, et mourut en 1743. Il a publié entre autres ouvrages les œuvres de Boileau, avec des *éclaircissements historiques*. C'est de Boileau lui-même que Brossette tenait la plupart de ces *éclaircissements*. Cependant, comme il se livrait de son côté à des recherches, Boileau, à qui il fit part de ses découvertes,

Boileau. Ce littérateur lyonnais, qui était le correspondant
de J.-B. Rousseau, lui ayant rendu un compte très-flatteur
du *poëme* encore inédit de la *Religion*, qu'il venait d'entendre lire chez le prévôt des marchands, homme d'esprit
et de goût [1], cet événement littéraire intéressa vivement le
poëte exilé. Il exprima à Brossette un grand désir d'avoir
communication d'un ouvrage dont il estimait déjà l'auteur;
car, bien des années auparavant, la renommée lui en avait
apporté le nom jusqu'au fond de la Germanie, où ses malheurs
l'avaient jeté [2]. L. Racine s'empressa de lui envoyer de nombreux fragments de son poëme, et chargea, en 1737, M. Har-
dion, de l'Académie française, de le lui remettre en entier.
Telle fut l'origine de la correspondance et des relations qui
s'établirent entre ces deux hommes illustres, et qui se sont
continuées jusqu'à la mort de J.-B. Rousseau.

Rousseau montra une vive admiration pour le poëme de la
Religion, qu'il appelait *un chef-d'œuvre de poésie aussi bien
que de piété*. L. Racine ne s'enorgueillit point d'un éloge
qu'il regardait comme une hyperbole inspirée par cet excès
d'indulgence que le célèbre lyrique avait, à la fin de ses jours,
pour les vers de ses amis aussi bien que pour les siens. Et
comme à ces éloges se trouvaient mêlées quelques critiques,
il les reçut avec une docilité égale à sa modestie. Mais Rousseau le félicitant aussi à propos du poëme de la *Grâce*, qu'il
connaissait depuis longtemps, sur *le digne usage qu'il faisait
de ses talents*, L. Racine ne put résister à la tentation de lui
raconter une petite mortification qu'il avait essuyée récemment, pour lui prouver que tout le monde ne partageait pas
une opinion si flatteuse.

lui dit un jour : *A l'air dont vous y allez, vous saurez mieux votre
Boileau que moi-même.*

[1] Camille Perrichon, chevalier des ordres du roi, prévôt des marchands
à Lyon en 1731.

[2] J.-B. Rousseau écrivait à Brossette, de Vienne, le 24 décembre 1718 :
« Je serais fort curieux de voir le poëme du second fils de M. Racine sur
« la *Grâce*. J'ai connu l'aîné à Paris. C'est un garçon sage, et qui a du
« mérite ; mais en tout autre genre qu'en celui de la poésie. »

« Je ne reçois pas souvent de pareils compliments, *lui écrit-il ;*
« et je ne puis à cette occasion m'empêcher de vous raconter un
« compliment très-différent que me fit, il y a un an, un arche-
« vêque [1]. Je lui rendais une visite. Il alla chercher dans sa
« bibliothèque le poëme de la *Grâce* ; et, m'y montrant plusieurs
« endroits crayonnés de sa main : *Ne croyez pas,* me dit-il, *que ce*
« *soient les beaux endroits que j'ai ainsi crayonnés : ce sont vos*
« *hérésies. Voilà un ouvrage qui sera votre condamnation au jour*
« *du jugement.* Je lui répondis, avec une sincère modestie, que s'il
« y avait dans mon poëme des erreurs, elles y étaient contre mon
« intention ; que les fautes d'ignorance étaient excusables ; et qu'à
« l'égard de la damnation dont il me menaçait, j'espérais l'éviter en
« m'attachant toujours à des sujets saints, et renonçant à tra-
« vailler pour le théâtre. *Eh ! tant pis,* s'écria-t-il ; *j'aimerais bien*
« *mieux que vous fissiez des comédies.* »

J.-B. Rousseau n'avait pas un goût moins prononcé pour
la personne de L. Racine que pour ses vers, et il recherchait son amitié avec l'empressement et la vivacité qu'il mettait en toutes choses. On en jugera par l'extrait suivant d'une
de ses lettres :

« De tous les *amis* cependant que m'a attirés ma bonne fortune,
« il n'y a, je vous l'avoue, que les anciens dont la bonté me flatte
« véritablement. Je mets la vôtre dans ce rang, monsieur, quoique
« notre connaissance soit encore assez moderne ; mais la sym-
« pathie d'humeur et la conformité de sentiment supplée à ce qui
« manque au nombre des années, et ces conditions une fois posées,
« le temps ne fait plus rien. Je vous regarde donc d'avance comme
« un ami de trente ans. Il y en a vingt autres par-dessus que votre
« nom est en vénération chez moi ; et je puis vous répondre de
« mes sentiments pour vous, pour tout le temps qui me reste
« à vivre. »

J.-B. Rousseau et L. Racine étaient en correspondance
depuis plusieurs années, lorsqu'ils se virent pour la première

---

[1] L'archevêque dont il est ici question était François-Paul de Neuville
de Villeroi, archevêque de Lyon.

fois en 1738. Leurs entrevues eurent lieu avec un certain mystère, Rousseau étant obligé de garder de grands ménagements envers l'autorité, qui était censée ignorer sa présence à Paris. Trompé par de fausses espérances, il était venu sans autorisation, et se tenait caché chez le peintre Aved [1], qui méritait bien cette préférence, car il était aussi recommandable par la noblesse de ses sentiments que par ses talents. Mais, après trois mois d'un séjour périlleux, reconnaissant que les dispositions du public et celles de l'autorité n'étaient point changées à son égard, il prit le sage parti de retourner à Bruxelles, pour ne pas abuser plus longtemps de la générosité de ses amis. Le bon cœur de L. Racine s'attendrissait à la vue de tant d'infortunes, et il ne pouvait s'empêcher de plaindre ce vieillard illustre, qu'on obligeait d'aller demander un tombeau à une terre étrangère. Voici en quels termes il s'en explique dans une lettre *inédite* à sa femme, datée du 10 février 1739 :

« Le paquet de Rousseau m'a été remis. Il m'envoie, de la part
« de l'abbé Desfontaines, le livre nouveau intitulé *Racine vengé*;
« ainsi je prie M. de l'Écluse de ne pas me l'acheter. Si vous
« eussiez ouvert ce paquet, vous m'eussiez envoyé la lettre du
« pauvre Rousseau, qui m'a fort touché. Il me mande qu'il quitte
« Paris, qu'il ne peut apaiser le procureur général, et que la
« première lettre qu'il m'écrira sera datée de Bruxelles. Je trouve
« bien dur de refuser à un homme de son âge la douceur de mourir
« dans sa patrie. On y laisse bien vivre Voltaire, qui a écrit contre
« la religion et le gouvernement! Rousseau est bien moins cou-
« pable. »

Malgré l'opinion sévère qu'il exprimait sur le compte de Voltaire, L. Racine aurait voulu réconcilier J.-B. Rousseau avec cet homme célèbre, et il exhortait chrétiennement le premier à s'y prêter; mais il éprouva de sa part une résis-

---

[1] Aved a peint le portrait de L. Racine et celui de J.-B. Rousseau. Ce dernier avait fait mettre au bas du sien ce vers de Martial :

Certior in nostro carmine vultus erit.

tance qu'il ne put vaincre. Le souvenir des démêlés qu'il
avait eus jadis avec Lamotte agissait encore sur son esprit aigri,
et lui faisait craindre une réconciliation peu sincère. L. Racine n'oublia pas les rapports affectueux qu'il avait eus avec
J.-B. Rousseau, et resta religieusement attaché à sa mémoire [1]. Il entreprit même de la justifier lorsque, depuis plusieurs années déjà, l'infortuné poëte goûtait dans la tombe
un repos qu'il n'avait pas connu sur la terre. Les deux lettres
remarquables qu'il écrivit à ce sujet en 1749 ont été placées
en tête de celles de J.-B. Rousseau, dans le recueil qui en a
été publié. D'autres lettres ayant le même but sont rappor-
tées dans les *Mémoires de Trévoux*, du mois de janvier 1757.
Enfin, il n'omit rien de ce qui pouvait jeter un jour favorable
sur ce grand procès, et dissiper les préventions du public.

Louis Racine avait d'abord partagé l'opinion de ses contemporains sur les torts attribués à un poëte aussi célèbre que
malheureux ; mais lorsqu'il le connut mieux, il le crut sincèrement innocent des odieuses inculpations qu'on faisait
peser sur lui. Le doux et pieux Racine ne pouvait croire
coupable un homme qui avait protesté contre la calomnie
en face de la mort, et en présence de l'objet le plus sacré de
la foi et de la vénération des chrétiens ; d'autant plus que
les sentiments de religion que manifestait J.-B. Rousseau
n'étaient pas chez lui le fruit tardif de la vieillesse et des

[1] J.-B. Rousseau naquit à Paris le 6 avril 1670, et mourut à Bruxelles le
17 mars 1741. Le Franc de Pompignan a consacré à la mémoire de ce grand
lyrique l'une des plus belles odes dont s'honore la poésie française. En
voici deux strophes souvent citées, mais toujours nouvelles :

Quand le premier chantre du monde	. . . .
Expira sur les bords glacés	. . . .
Où l'Hèbre, effrayé dans son onde,	
Reçut ses membres dispersés,	Le Nil a vu sur ses rivages
Le Thrace, errant sur les montagnes,	Les noirs habitants des déserts
Remplit les bois et les campagnes	Insulter par leurs cris sauvages
Du cri perçant de ses douleurs ;	L'astre éclatant de l'univers.
Les champs de l'air en retentirent,	Cris impuissants, fureurs bizarres !
Et dans les antres qui gémirent	Tandis que ces monstres barbares
Le lion répandit des pleurs.	Poussaient d'insolentes clameurs,
	Le dieu, poursuivant sa carrière,
La France a perdu son Orphée	Versait des torrents de lumière
. . . .	Sur ses obscurs blasphémateurs.

infirmités. L. Racine espérait que la postérité serait plus juste pour lui ; mais elle n'a pas jusqu'ici partagé ses convictions ni réalisé ses généreuses espérances. A présent, il est douteux que de nouvelles lumières viennent dissiper ces anciennes et épaisses ténèbres : cette affaire est et sera sans doute toujours un mystérieux problème. Quoi qu'il en soit, on ne peut se défendre d'une douloureuse émotion en pensant à cet illustre proscrit ; car il a été bien à plaindre s'il était innocent, et cruellement puni s'il était coupable.

Ce zèle à défendre un homme dont les longues infortunes et la tombe n'avaient pas désarmé les ennemis, exposa à son tour L. Racine à de violentes attaques. Chrétien pratique, il crut devoir garder le silence lorsque la querelle fut devenue personnelle. Il exprimait les motifs qui avaient en cette circonstance dirigé sa conduite, dans une lettre tout empreinte de cette philosophie douce et religieuse qui embellit et couronne si dignement le soir de la vie.

Voici donc ce qu'il écrivait en 1757, à l'occasion de ces querelles, auxquelles l'âge et ses propres malheurs l'avaient rendu bien indifférent :

« Du reste, je ne répondrai point à ceux qui m'ont attaqué à son « sujet (*Rousseau*). Je ne veux point de querelles littéraires ; « elles ne font jamais honneur. D'ailleurs, je suis dans cet âge qui « m'a mis dans cette disposition que Caton, suivant que Cicéron « le fait parler dans son *Traité de la Vieillesse*, appelait *satietas* « *vitæ* ; disposition qui nous fait désirer, selon lui, *ad meliora* « *proficisci*. Quand on a ce désir fondé sur des motifs que Caton « ne pouvait avoir, on n'offense personne ; quand on est offensé, « on pardonne, et, regardant comme bien frivoles tant de choses « qu'on avait autrefois regardées comme importantes, on ne songe « plus qu'à celles qui le sont véritablement. Ce sont les seules qui « m'occupent maintenant : *vellem ab initio*. »

Tout en cultivant les lettres avec amour, L. Racine avait mis un grand soin à vivre en dehors des diverses coteries littéraires, sachant combien elles engendrent d'inimitiés. Les

efforts qu'on fit pour l'y attirer furent toujours inutiles. Il se
montrait aussi très-réservé dans le choix de ses relations
intimes, convaincu que l'amitié, pour être sincère et durable,
doit être basée sur une estime réciproque. Toutefois, ces dé-
licatesses et ces scrupules ne l'empêchèrent pas de trouver
des amis dignes de lui, car la vertu n'est pas exilée de la terre.
Traducteur et admirateur de Milton, toute sa conduite semblait s'être inspirée de ces beaux sentiments que le poëte
anglais a déposés dans une admirable lettre :

« Si Dieu versa jamais un amour ferme de la beauté morale dans
« le sein d'un homme, il l'a versé dans le mien. Quelque part que
« je rencontre un homme méprisant la fausse estime du vulgaire,
« osant aspirer par ses sentiments, son langage et sa conduite, à
« ce que la haute sagesse des âges nous a enseigné de plus ex-
« cellent, je m'unis à cet homme par une sorte de nécessaire
« attachement. Il n'y a point de puissance dans le ciel ou sur la
« terre qui puisse m'empêcher de contempler avec respect et
« tendresse ceux qui ont atteint le sommet de la dignité et de la
« vertu. »

Si L. Racine n'accordait son amitié que lorsqu'il pouvait
donner en même temps son estime, il ne laissait pas cependant de ménager avec bonté l'amour-propre de ceux qu'il
jugeait peu dignes de ce double sentiment. De ce nombre
était l'abbé Desfontaines, dont il prisait l'esprit, et pas du tout
les qualités du cœur[1]. Ce belliqueux écrivain croyait s'être

[1] « J'ai remercié l'abbé Desfontaines du *Racine vengé* qu'il m'a envoyé.
Dans sa réponse, par laquelle il me demande la permission de faire imprimer ma lettre dans ses *observations*, il m'apprend que le *Racine vengé* a
été proscrit par une délibération de l'Académie, qui a pris son *épître dédicatoire* pour une raillerie. Il m'ajoute que son respect et sa modestie
ont été fort mal interprétés; mais que puisque ces messieurs, qui se connaissent si bien en encens, n'ont pas voulu du sien, apparemment qu'il
ne vaut rien. Sa lettre est fort jolie; l'Académie n'a pas eu grand tort de
voir qu'il se moquait d'elle : il a plus d'esprit qu'eux tous, mais extrêmement méchant. La lettre de l'abbé d'Olivet, que vous venez de m'envoyer,
fait voir qu'il est sérieusement fâché; mais il a tort de vouloir faire le
plaisant : il ne l'est nullement. Il est lourd et pédant, et il a affaire à un
homme qui a la raillerie fine et sanglante. Du reste, je ne veux pas prendre
part à leur querelle; je ne fais qu'en rire. Ils m'ont tous deux envoyé leur

créé des titres auprès de lui par son ardeur à défendre
J. Racine contre l'abbé d'Olivet[1], dans un livre intitulé
Racine vengé. Mais, tout en lui tenant compte de l'intention,
L. Racine ne pouvait s'empêcher de blâmer les excès auxquels il se laissait emporter dans son zèle exagéré ; et, malgré des avances réitérées, il sut se renfermer avec lui dans
les bornes d'une réserve prudente et polie. Il comprenait
d'ailleurs que les *Remarques* de d'Olivet étaient bien moins
une critique de son père, qu'un hommage rendu à l'étonnante pureté de son style, « qui est telle, malgré la gêne du
« mètre et l'entraînement de la poésie, qu'il y a moins à
« reprendre que dans nos ouvrages de prose les plus esti-
« més. » C'est ainsi que s'exprime l'abbé d'Olivet, et ce
n'est pas là assurément le langage d'un ennemi.

Il y avait déjà cinq ans que L. Racine déplorait la mort
de ce fils objet de tous ses regrets, lorsqu'il fut averti, par

ouvrage, et tous deux ont eu de moi un remerciment très-poli ; et, supposé
que l'abbé Desfontaines fasse imprimer ma lettre, l'abbé d'Olivet n'y
trouvera rien qui puisse le fâcher. » *Lettre inédite de L. Racine à sa femme,*
de Soissons le 22 février 1739.)

« Croiriez-vous que ma lettre à l'abbé Desfontaines a trouvé des obstacles
pour l'impression ? Il a fallu aller à M. le chancelier, qui a répondu qu'il
était permis à un fils de défendre son père. Il me paraît que bien des gens
ont cru que dans mes politesses il y avait un peu d'ironie, comme si j'en
étais capable ! Vous direz à M. de l'Écluse * qu'on a mis un carton à la
feuille 238 de l'abbé Desfontaines, qui, en rendant compte du travail de
l'abbé d'Olivet sur Cicéron, et citant ces paroles de sa *préface : Non erit
opus ingenio, quod sciunt quam sit in me exiguum*, les avait traduites
ainsi : *Pour ce travail il ne faut pas d'esprit, et l'on sait combien peu
j'en ai.* L'abbé Desfontaines se récrie que ce n'est point offenser un auteur que de traduire ses propres paroles, et de dire en *français* ce qu'il a
dit en *latin.* C'est lui-même qui m'en écrit ; il me paraît vouloir être en
commerce de lettres avec moi. » (*Lettre inédite de L. Racine à sa femme,*
de Soissons le 16 mars 1739.)

« Je suivrai très-fidèlement l'avis de ceux qui me conseillent de ne pas me
livrer à l'abbé Desfontaines. Il paraît rechercher un fréquent commerce
de lettres avec moi ; mais j'estime aussi peu son cœur que j'admire son
esprit : c'est un homme auquel je ne me fierai jamais. » (*Lettre inédite de
L. Racine à sa femme*, de Soissons le 19 mars 1739.)

[1] L'abbé d'Olivet est auteur de *Remarques grammaticales* sur J. Racine,
qui donnèrent lieu, de la part de l'abbé Desfontaines, à une réponse inti-
tulée *Racine vengé.*

* M. de l'Écluse était beau-frère de L. Racine.

quelques atteintes d'apoplexie, de songer à la sienne. Il envisagea avec sérénité cette dernière nécessité de la nature, parce qu'il n'avait pas attendu cet avertissement pour commencer à vivre en homme de bien. Sur le point de rendre compte au souverain Juge d'une carrière déjà longue, lorsqu'il interrogea sa vie dans le secret de sa conscience, le souvenir du passé dut le rassurer contre le redoutable avenir. Il avait entendu Boileau dire, à son lit de mort : « *C'est* « *une grande consolation pour un poëte qui va mourir, de* « *n'avoir jamais offensé les mœurs.* » Lui aussi put se rendre ce consolant témoignage. Préoccupé de sa fin prochaine, qui en effet arriva quelques mois après, voici ce qu'il écrivait à ce sujet à un ami, dans le courant de l'année 1762 :

« Vous savez ce que dit Martial de cet heureux vieillard qui, « repassant toute sa vie, n'y trouvait rien qui pût troubler sa « tranquillité : *Prœteritosque dies, et tutos respicit annos.* Je ne « puis dans le même âge jouir du même bonheur, ni appeler mes « années *annos tutos;* mais j'ai du moins la consolation que « l'amour des vers ne m'en ayant jamais inspiré ni de satiriques, « ni de dangereux pour les mœurs et la religion, n'a jamais pu « faire tort qu'à moi. »

Non-seulement il n'avait offensé ni la religion ni les mœurs, mais il avait, dès sa jeunesse, servi avec courage et talent cette noble cause, trahie par son siècle. Il avait fait mieux encore, en joignant à ses écrits la sanction de ses exemples; et cette heureuse harmonie, depuis le berceau jusqu'à la tombe, entre ses actions et ses paroles, honorera toujours en lui la mémoire de l'homme, du poëte, et du chrétien. En sorte qu'on peut bien dire de lui ce que le plus grave des historiens disait d'un illustre Romain : *Il possédait la plénitude des vrais biens, qui résident dans la vertu* [1].

Telle avait été la vie et tels étaient les mérites de L. Racine, lorsqu'une seconde attaque, arrivée deux ans après la première, l'enleva subitement le 29 janvier 1763, à l'âge de

---

[1] Tacite, *Vie d'Agricola.*

soixante-dix ans et quelques mois. Il était le dernier des enfants de Jean Racine, et le dernier aussi il était descendu
dans la tombe : tous les autres l'y avaient précédé depuis un
assez grand nombre d'années.

Louis Racine se faisait remarquer par sa douceur et sa
bonté. Exempt de jalousie parce qu'il n'avait de prétention
d'aucune espèce, sa modestie était extrême, et jamais il ne
parlait de ses ouvrages. Son admiration pour le génie de son
père ajoutait encore au sentiment modeste qu'il avait de son
propre mérite ; et l'on sait qu'il se fit peindre, les yeux ar-
rêtés sur ce vers de la tragédie de *Phèdre* :

> Et moi, fils inconnu d'un si glorieux père [1].

Bienveillant pour tout le monde, et plein de sympathie
pour les malheureux, il les secourait avec la générosité que la
prudence du père de famille lui permettait d'apporter à ses
bonnes œuvres. Il était tendre pour sa femme, pour ses enfants, pour ses amis ; et pensait que c'est dans le cœur que
réside tout ce que l'homme a de valeur et de réalité, tandis
que les dons de l'esprit ne sont que l'ornement de l'humanité.
Ce qui embellit et éclaire le monde n'est pas toujours, en effet, ce qui le rend ni plus heureux ni meilleur.

Louis Racine, portant dans la société une distraction habituelle qui le rendait comme étranger à tout ce qui se passait autour de lui, ne connut jamais, par conséquent, ces
heureux à-propos, privilége des esprits toujours attentifs.
Ceux qui savaient combien son père avait brillé par le charme
attaché à sa personne et à toutes ses paroles, recherchèrent
souvent sa conversation, espérant trouver dans le fils un
reflet de ces dons séduisants. Mais leur attente était bien
trompée ; car il ne possédait aucun de ces avantages tant
enviés qui font obtenir les succès éphémères du monde. En
revanche, son honorable caractère et ses qualités solides

---

[1] Et moi, fils inconnu d'un si glorieux père,
Je suis même encor loin des traces de ma mère !
(*Phèdre,* acte III, scène v.)

lui avaient mérité les plus illustres amitiés. Parmi ceux dont l'affection pour lui ne se démentit jamais, il suffira de nommer le chancelier d'Aguesseau, le marquis d'Argenson, ministre des affaires étrangères, et le doux et conciliant cardinal de la Rochefoucauld, archevêque de Bourges. De telles amitiés dispensent de toute autre louange.

Lebeau, l'historien du Bas-Empire, fit, en sa qualité de secrétaire perpétuel de l'Académie des inscriptions et belles-lettres, l'éloge de L. Racine, qui appartenait à cette compagnie depuis quarante-trois ans. Il était, en outre, des Académies de Lyon, de Marseille, d'Angers, et de Toulouse.

Marie Presle de l'Écluse, veuve de L. Racine, vécut encore longtemps, et ne mourut qu'en 1794, au milieu des orages de la révolution, trente-un ans après son époux, et près d'un siècle après son illustre beau-père [1]. Elle était née le même jour que le dix-huitième siècle, et il lui fut donné, par un rare privilége de la nature, de le parcourir presque en entier, comme pour empêcher la chaîne des temps et des traditions de se rompre. Pendant soixante-six ans elle porta dignement le beau nom de Racine, qui disparut avec elle, mais pour vivre éternellement dans la mémoire des hommes.

En perdant un fils unique, L. Racine avait bien perdu l'espoir de voir perpétuer son nom, mais non celui d'une postérité ; car deux filles lui restaient, et elles étaient déjà mères de famille longtemps avant sa mort.

L'aînée, Anne Racine, avait épousé, le 13 janvier 1746, M. de Neuville de Saint-Héry, fils d'un fermier général, et est morte à Blois le 31 octobre 1805, plus de cent six ans après son aïeul. Elle avait été élevée à Variville, auprès de sa tante Élisabeth Racine (*Babet*), qui y était religieuse.

La cadette, Marie-Anne Racine, mariée à M. d'Hariague, fils d'un conseiller-maître à la chambre des comptes, et neveu d'un président au parlement de Paris, mourut avant sa mère, le 11 septembre 1782.

---

[1] Jean Racine est mort le 21 avril 1699, âgé de cinquante-neuf ans.

Madame de Neuville de Saint-Héry, appelée plus tard madame des Radrets, fille aînée de L. Racine, a laissé un fils et trois filles; madame d'Hariague, une fille seulement; et toute cette génération vivait encore il y a un petit nombre d'années. Ce sont les enfants de ces derniers qui représentent aujourd'hui le sang de Racine, du côté de son fils Louis.

Une seule des cinq filles de Jean Racine, l'aînée, se maria; et sa postérité, qui subsiste toujours, est représentée par MM. de Naurois.

Tous ces descendants d'un grand homme, pénétrés pour lui d'une profonde admiration, d'un tendre et pieux respect, regardent comme leur plus bel héritage le droit de se dire *les petits-fils de Racine*.

———

[Le *mémoire* suivant, de L. Racine lui-même, complète sa vie; la note qui le précède indique dans quelles prévisions il l'a rédigé.]

———

Note de Louis Racine.

« Si après ma mort M. le secrétaire de l'Académie, pour
« être en état de faire à mon sujet le discours d'usage sur
« les académiciens morts, vient demander à ma famille
« quelque détail de ma vie, on lui remettra ce *mémoire* [1]. »

« J'étais en si bas âge quand je perdis mon père, que je ne me suis jamais rappelé ses traits, mais seulement quelques avis de piété qu'il me donna peu avant sa mort.

« Comme il avait prié M. Rollin de veiller à mon éducation, ma mère me mit au collége de Beauvais, où j'ai fait toutes mes classes.

« J'en sortis après ma philosophie, j'allai en droit, et je fus

———

[1] Ce mémoire est entièrement *inédit*.

reçu avocat. Ensuite, ne me sentant aucune inclination pour cette profession, je pris l'habit ecclésiastique ; je me retirai chez les pères de l'Oratoire de Notre-Dame des Vertus, et j'y composai le poëme de la *Grâce* pendant les trois ans que j'y demeurai. La lecture de ce poëme, que je faisais souvent à Paris, m'ayant conduit dans le grand monde, je perdis le goût de la retraite, et je quittai l'habit ecclésiastique. Ce même poëme m'ayant procuré l'honneur d'être demandé par M. le chancelier d'Aguesseau, exilé alors dans sa terre, j'y allai ; et mon admiration pour lui m'y retint jusqu'à la fin de son premier exil. Je dois à sa recommandation l'honneur d'avoir été reçu dans l'Académie des belles-lettres.

« Peu de temps après, M. de Valincour engagea plusieurs amis de mon père, dans l'Académie française, à m'y donner leur voix pour une place vacante. M. l'ancien évêque de Fréjus, depuis cardinal de Fleury, l'ayant su, mit un obstacle à mon élection, en m'assurant « que c'était par amitié « pour moi ; qu'ayant trop peu de bien pour ne m'attacher « qu'aux lettres, il voulait m'arracher à des occupations sté- « riles, et m'en procurer d'utiles. »

« Il est vrai que j'étais presque sans bien, le fatal système [1] ayant réduit à la moitié le peu que mon père avait laissé à sept enfants, et le modique revenu dont jouissait notre mère. Cette raison engagea de sages amis à me conseiller d'accepter le parti que me proposait M. l'ancien évêque de Fréjus, qui, se déclarant mon protecteur, entreprit de faire de moi un directeur des fermes.

« Il me fallut obéir, et partir pour la Provence en 1722, dans l'espérance que mon protecteur, devenu depuis si puissant, me retirerait d'un emploi très-contraire à mon goût, qui procure de quoi vivre honnêtement en province, et jamais, même au plus ardent, de quoi s'enrichir, puisqu'on y est borné à des appointements que la nature, le nombre et l'ennui des travaux fait légitimement gagner.

« Commis de financiers pendant vingt-quatre ans, jamais

---

[1] Le système de Law.

financier, puisque je n'ai jamais eu , grâce à Dieu , le moindre intérêt dans aucune affaire de finance ; si je me suis enfin trouvé en état de me délivrer d'un emploi où mon protecteur me laissait toujours , c'est ce que j'ai dû uniquement à mon heureux mariage, qui a rendu ma fortune meilleure.

« Rendu à ma patrie et à l'Académie des belles-lettres, que je n'avais jamais perdue de vue , puisque j'y revenais tous les ans lire quelque mémoire ; si j'y ai reçu le titre de *vétéran,* des raisons particulières m'obligèrent de consentir à un arrangement que je ne pouvais souhaiter dans un temps qui me permettait de me livrer tout entier aux occupations académiques.

« Je n'ai jamais songé à faire imprimer furtivement le poëme de la *Grâce.* Après avoir obtenu l'approbation de M. Pastel, docteur de Sorbonne, et un privilége très-flatteur de M. d'Argenson , je le donnai à l'imprimeur, suivant le conseil de M. le chancelier d'Aguesseau, qui, étant revenu en place , jugea à propos de suspendre le débit de ce poëme lorsqu'il était prêt à paraître. Deux ans après, il fut permis à l'imprimeur de le débiter, à condition qu'il en retirerait le privilége et l'approbation. Cette permission fut donnée par le conseil de conscience. M. le chancelier d'Aguesseau était alors dans son second exil ; et comme j'étais moi-même à Marseille, dans mon emploi de finance, je n'avais point sollicité cette permission.

« Je n'ai songé à faire imprimer la *Vie* de mon père qu'après l'avoir lue tout entière à M. le chancelier d'Aguesseau, qui la fit encore examiner par d'autres personnes avant que de consentir tacitement à l'impression. Je n'ai jamais voulu rien faire imprimer contre les règles.

« J'ai toujours ignoré à qui fut remise, à la mort de mon père, la première partie de l'*Histoire de Port-Royal,* et de quelles mains elle sortait quand elle parut imprimée. A l'égard de la seconde partie de la même *Histoire,* trouvée dans ses papiers écrite de sa main, je l'ai remise à MM. Sallier et Melot, pour être conservée dans la bibliothèque du Roi. »

ÉTAT

DES LIVRES ET MANUSCRITS

DE JEAN RACINE,

OFFERTS PAR SON FILS LOUIS A LA BIBLIOTHÈQUE DU ROI.

———

ÉTAT DE CE QUE J'AI REMIS A LA BIBLIOTHÈQUE DU ROI [1].

Vies de Plutarque, grecques, édition de Florence, 1517, in-fol. ; exemplaire sur lequel mon père, faisant ses études à Port-Royal, a écrit des *notes* à la marge.

Morales grecques de Plutarque, édition de Bâle, 1554, in-fol. ; exemplaire dont il a fait le même usage.

Un exemplaire grec de *Platon,* édition de Bâle, dont il a fait le même usage.

Quelques *traités* grecs de Platon, petit in-fol., où sont quelques-unes de ses *notes.*

Morale grecque d'Aristote, exemplaire sur lequel il a pareillement mis ses *notes.*

Iliade grecque; Parisiis, apud *Turnebum,* 1554, in-8° ; à la marge sont plusieurs de ses *notes.*

Euripide grec, édition d'Alde, in-8°, où se trouvent quelques-unes de ses *notes* sur deux tragédies.

Sophocle grec, même édition, avec ses *notes* sur trois tragédies.

Autre *Sophocle,* Typis Regiis, in-4°, avec ses *notes* sur l'*Ajax* et l'*Électre.*

Veterum Comicorum Sententiæ, avec plusieurs de ses *notes* à la marge.

---

[1] Cette note de L. Racine est *inédite.*

Victorii Commentarius in Poeticam Aristotelis. Quelques endroits traduits par lui, à la marge.

Traité sur l'orthographe française. Une de ses notes à la marge, à la page 7.

MANUSCRITS.

Extraits, écrits par mon père, des auteurs latins qu'il lisait à Port-Royal en 1656.

Pareils *extraits* de saint Basile.

Quelques ouvrages écrits par lui dans le même temps, et une traduction de la *Vie de Diogène*, par Diogène Laërce.

Traduction d'une partie du *Banquet* de Platon, et de quelques morceaux de sa *République*.

Remarques sur l'Odyssée et sur Virgile [1].

Son *Quinte-Curce* de Vaugelas, avec quelques *notes* à la marge.

Manuscrit sur les *traductions*, écrit de la main de M. le Maistre.

Projet, écrit de la main de mon père, du premier acte de l'*Iphigénie en Tauride* [2], la scène de *Britannicus* qu'il retrancha [3], et un de ses *discours* à l'Académie.

Extrait fait par lui du *traité* de Lucien *sur la manière d'écrire l'histoire.*

Extrait, par lui, des *Quæstiones Alnetanæ* de M. Huet.

Quelques *remarques* écrites par lui.

Fragments historiques, écrits de sa main.

---

[1] Les remarques sur *Virgile* n'ont jamais été imprimées.

[2] « Après *Phèdre*, il avait encore formé quelques projets de tragédies, « dont il n'est resté dans ses papiers aucun vestige, si ce n'est le plan du « premier acte d'une *Iphigénie en Tauride*. Quoique ce plan n'ait rien « de curieux, je le joindrai à ses *lettres*; pour faire connaître de quelle « manière, quand il entreprenait une *tragédie*, il disposait chaque *acte*, en « prose. Quand il avait ainsi lié toutes les *scènes* entre elles, il disait : « *Ma tragédie est faite*, comptant le reste pour rien. »
          (*Mémoires de L. Racine sur la vie de son père.*)

[3] Cette scène entre *Burrhus* et *Narcisse*, quoique fort belle, fut supprimée par les conseils de Boileau, qui craignit que les spectateurs ne vissent avec déplaisir un entretien entre ces deux hommes, dont l'un était digne d'admiration, et l'autre du plus souverain mépris.

Ses *deux testaments* écrits et signés par lui, l'un du 29 octobre 1685, l'autre du 10 octobre 1698.

Mémoires, écrits par lui, sur les affaires temporelles de Port-Royal.

L'*épitaphe* de mademoiselle de Vertus, et la *préface* qu'il avait destinée à ses *deux lettres contre Port-Royal*, mais qu'il ne fit jamais imprimer.

Ce qui s'est trouvé, à sa mort, de la 2ᵉ partie de l'*Histoire de Port-Royal*; le tout écrit de sa main, excepté quelques feuillets écrits de la main de Boileau.

Lettre de M. le Maistre, et cinq de M. Arnauld[1].

Ses *lettres originales*, savoir, les *lettres* de sa jeunesse, les *lettres* écrites à Boileau avec les réponses, et les *lettres* écrites à mon frère.

[1] Les éditions les plus complètes de J. Racine ne font connaître que quatre lettres d'Arnauld.

NOTICE

SUR LES AUTRES ENFANTS DE JEAN RACINE.

JEAN RACINE a eu sept enfants du mariage qu'il avait contracté, le 1er juin 1677, avec Catherine de Romanet, fille d'un trésorier, de France. Voici sur la destinée de chacun d'eux, et dans l'ordre de leur naissance, quelques renseignements auxquels la célébrité de leur père ne rendra peut-être pas indifférent.

JEAN-BAPTISTE RACINE, fils aîné de Jean Racine, naquit à Paris, le 11 novembre 1678. Il reçut les leçons des plus habiles maîtres de son temps, et surtout celles d'un père qui, *après son salut, n'avait pas de plus grande sollicitude* que l'éducation de ce fils. Racine avait obtenu pour lui la survivance de sa charge de gentilhomme ordinaire du roi, et dès l'âge de seize ans Jean-Baptiste en remplissait les fonctions à la cour. Il travaillait aussi aux *affaires étrangères*, sous les yeux du marquis de Torcy, qui lui portait beaucoup d'affection, et l'attacha successivement aux ambassades de Hollande et de Rome.

Racine cherchait surtout à prémunir son fils contre les dangers et les entraînements de la jeunesse, en lui inspirant les grands sentiments de religion, dont il était pénétré lui-même. Son inquiète tendresse savait profiter de toutes les occasions qui s'offraient pour appeler son attention sur un sujet si important. On ne peut lire sans attendrissement ces nobles et touchantes paroles d'une lettre qu'il lui adressait à la Haye, où Jean-Baptiste résidait alors avec l'ambassade de France : « Je n'ai osé, lui écrit-il, de-
« mander à M. de Bonac si vous pensiez un peu au bon Dieu, et j'ai
« eu peur que la réponse ne fût pas telle que je l'aurais souhaitée ;
« mais enfin je veux me flatter que, faisant votre possible pour

« devenir un parfait honnête homme, vous concevrez qu'on ne
« le peut être sans rendre à Dieu ce qu'on lui doit. Vous connais-
« sez la religion ; je puis dire même que vous la connaissez belle
« et noble comme elle est, et il n'est pas possible que vous ne
« l'aimiez. Pardonnez si je vous mets quelquefois sur ce cha-
« pitre : vous savez combien il me tient à cœur, et je vous puis
« assurer que plus je vais en avant, plus je trouve qu'il n'y
« a rien de si doux au monde que le repos de la conscience, et de
« regarder Dieu comme un père qui ne nous manquera pas dans
« tous nos besoins. M. Despréaux, que vous aimez tant, est plus
« que jamais dans ces sentiments, surtout depuis qu'il a fait
« son *Amour de Dieu ;* et je vous puis assurer qu'il est très-bien
« persuadé lui-même des vérités dont il a voulu persuader les
« autres. Vous trouvez quelquefois mes lettres trop courtes ; mais
« je crains bien que vous ne trouviez celle-ci trop longue [1]. »

Tant d'exhortations à la vertu, si éloquentes dans la bouche
d'un père qui prêchait d'exemple, ne furent pas perdues, et fail-
lirent même dépasser le but ; car celui à qui elles s'adressaient
songea un moment à se faire chartreux. On sait que Racine avait
eu la même pensée, lorsqu'il prit la résolution de quitter le
théâtre ; mais de sages conseils le détournèrent alors de ce parti
extrême.

Il ne suffisait pas à un père si tendre de préserver l'objet de
sa sollicitude des décevantes illusions de la jeunesse : il voulait
encore lui faire éviter une passion dont lui-même n'avait que
trop connu le danger. L'amour de la poésie l'avait subjugué une
partie de sa vie ; mais si cette passion avait été la source de sa
gloire, elle l'avait été aussi d'amers chagrins, qui avaient em-
poisonné ses plus beaux jours et ses plus beaux triomphes. Éclairé
par son expérience, il redoutait extrêmement d'avoir un fils
qui, à son exemple, eût envie de faire des tragédies. Il eut encore
la satisfaction de voir Jean-Baptiste renoncer, pour lui plaire, à
son goût naissant pour les vers.

Boileau portait l'affection la plus vive au jeune fils de son
ami, et avait une opinion très-favorable de son mérite ; Fénelon,
de son côté, partageait cette opinion et ces sentiments. Les

---

[1] *Œuvres* de Racine ; Paris, Lefèvre, 1825, tome VI, p. 412.

belles qualités de Jean-Baptiste le rendaient digne, en effet, d'amitiés si flatteuses, et de toute la tendresse de son père. Sa famille avait été sur le point de le marier de bonne heure; mais la crainte qu'inspirait le caractère de la jeune personne, qui aimait, disait-on, le faste, le monde et les plaisirs, goûts si contraires au bonheur de la vie domestique, fit rompre prudemment ce projet. Madame Racine ne put dissimuler la joie que lui causait cette rupture, et avouait naïvement qu'elle avait de plus, pour s'en réjouir, une raison qui lui tenait bien au cœur : *c'est que la demoiselle était rousse.* Cette délicatesse de mère pouvait être permise à celle qui avait le droit de se glorifier d'une si belle famille.

J. B. Racine fut proposé, en 1698, pour une des deux places de gentilhomme de la manche, près du duc de Bourgogne. Mais ce jeune prince étant sur le point de commander les armées, on se décida à choisir des hommes d'un âge plus avancé, et qui eussent surtout l'expérience de la guerre. Jean-Baptiste avait su se faire à la cour des amis puissants, par l'agrément de son esprit et la douceur de son caractère. Les ducs de Beauvilliers et de Noailles, le comte d'Ayen, fils de ce dernier, et qui devint plus tard maréchal de France comme son père, ainsi que beaucoup d'autres personnages de marque, lui portaient un affectueux intérêt. Cependant tous ces avantages et la protection du marquis de Torcy, qui voulait l'avancer, ne purent le retenir à la cour. Trompant ainsi l'attente des amis de son père et des siens, il se défit de sa charge de gentilhomme ordinaire du roi, et renonça aux espérances que lui offrait la diplomatie, pour vivre dans une retraite absolue. « Sitôt qu'il est devenu son maître, a dit, en parlant de lui, son frère Louis, il a fui le monde, quoiqu'il y fût « fort aimable quand il était obligé d'y paraître. Sans aucune ambition, et même sans celle de devenir savant, son seul plaisir « fut de parcourir toutes les sciences, s'attachant particulièrement « aux belles-lettres, et s'étant toujours contenté de lire, sans avoir « jamais rien écrit ni en vers ni en prose, quoiqu'il fût très-capable d'écrire, et par ses connaissances et par son style. »

Racine craignait que son fils Jean-Baptiste ne devînt un trop grand *acheteur de livres*, et ne prît ainsi, avec le goût des dépenses inutiles, celui des études superficielles. Ses craintes étaient fondées; et l'âge ne corrigea pas son fils de ce goût, ou, si l'on veut, de ce défaut. Il consacra sa vie et une partie de sa fortune à augmenter sa bibliothèque, à laquelle il donnait une valeur de trente mille livres, et qui renfermait un grand nombre d'ouvrages rares et précieux. On y remarquait surtout une belle collection de livres grecs et hébreux, langues qui lui étaient familières.

Aussi modeste que savant, Jean-Baptiste n'a rien voulu faire imprimer. Il s'est contenté de laisser des *notes* sur la vie et les ouvrages de son père, et quelques manuscrits, dont Fréron a publié des fragments dans son journal *l'Année littéraire*. On a inséré une lettre de lui dans les *œuvres* de son frère Louis, laquelle montre qu'il était également versé dans la littérature ancienne et moderne. Il existe encore un extrait d'une autre de ses lettres, où se trouvent quelques détails intéressants sur l'intrépidité toute chrétienne que fit paraître son père à ses derniers moments. C'est à lui que sont adressées les *lettres de Racine à son fils*. Jean-Baptiste Racine mourut à Paris, sans avoir été marié, le 31 janvier 1747, dans la soixante-neuvième année de son âge.

II.

Marie-Catherine Racine, fille aînée de Jean Racine, après avoir été longtemps indécise entre l'ordre austère des Carmélites et l'abbaye de Port-Royal, puis entre le couvent et le monde, prit enfin ce dernier parti, et épousa M. de Morambert le 5 juin 1699. Aussitôt qu'elle eut fait choix d'un état où elle ne devait pas avoir de *bréviaire* à dire, elle envoya le sien à sa sœur cadette, qui était sur le point de prononcer ses vœux à Melun. L'éloge de *Marie-Catherine* se trouve dans ce peu de mots d'une lettre que son père écrivait à l'époque où elle entra aux Carmélites : « C'était de tous nos enfants, mandait-il à madame Ri-« vière, celle que j'ai toujours le plus aimée, et dont je recevais « le plus de consolation. » Lorsque Racine parle d'elle dans ses lettres à son fils, il ne l'appelle que *votre sœur aînée*, ou simplement *votre sœur* ; tandis qu'il désigne ses quatre autres filles par les noms familiers qu'il s'était plu à leur donner, et que la postérité aime à leur conserver. C'est de cette fille aînée de Jean Racine, la seule qui se soit mariée, que descendent MM. de Nau-

rois[1]. Madame de Morambert mourut le 6 décembre 1751,
âgée d'environ soixante et onze ans.

III.

ANNE RACINE (*Nanette*) fit profession au couvent des Ursulines de Melun le 6 novembre 1698, n'étant pas encore âgée de
dix-huit ans, et fut appelée en religion la mère de *Sainte-Scholastique*. L'archevêque de Sens[2] voulut présider à la cérémonie;
l'abbé Boileau, frère de Despréaux, y prononça un beau sermon;
et, de son exil de Cambrai, Fénelon faisait féliciter l'*illustre ami*
(c'est ainsi qu'il désigne Racine) de ce que Dieu avait daigné
choisir dans son petit troupeau une jeune victime pour lui être
consacrée; et priait d'assurer cet heureux père qu'il avait offert
sa victime à l'autel. Hélas! ce jour-là, l'*heureux père* ne sentait
que la douleur d'une cruelle séparation. Il ne pouvait assister à
aucune profession religieuse sans fondre en larmes; aussi, à celle
de sa fille ne cessa-t-il de sangloter, au point que sa santé, alors
très-affaiblie, en fut dérangée[3].

A l'époque où Anne Racine fit profession, son esprit et son
jugement étaient extrêmement formés; elle avait une mémoire
prodigieuse, et aimait passionnément les bons livres. Mais ce
qu'il y avait de plus charmant en elle, c'était une douceur et
une égalité d'esprit merveilleuses. Tel est le jugement que Racine
portait de sa fille, ou plutôt de l'*ange* dont il venait de faire le
douloureux sacrifice[4]. « Excusez un peu ma tendresse, *écrivait-*
« *il à la mère Agnès de Sainte-Thècle Racine, abbesse de Port-*
« *Royal des Champs, sa tante*; excusez un peu ma tendresse pour
« une enfant dont je n'ai jamais eu le moindre sujet de plainte,
« et qui s'est donnée à Dieu de si bon cœur, quoiqu'elle fût as-

---

[1] Madame de Morambert n'eut qu'une fille, qui fut mariée, près de Vitry-le-Français, à M. Jacobé de Naurois d'Ablancourt.

[2] Jean de Montpezat de Carbon.

[3] J. Racine ne pouvait se défendre d'une vive émotion toutes les fois
qu'il était témoin d'une profession religieuse, quoique les personnes lui
fussent étrangères. Cependant il y trouvait des charmes, car il recherchait ces sortes de cérémonies. *Racine veut pleurer*, dit à cette occasion
madame de Maintenon dans une de ses lettres.

[4] Lettre cinquante-troisième de Racine à son fils.

« surément la plus jolie de tous nos enfants, et celle que le
« monde aurait le plus attirée par ses dangereuses caresses. »

Depuis le jour où la religion l'avait reçue dans son sein avec
tant d'éclat et de pompe, la vie d'Anne Racine s'est écoulée dans
la paisible obscurité du cloitre, et l'on ignore la date précise de
sa mort. Toutefois, il est certain qu'elle n'a pas vécu longtemps,
et qu'elle a précédé dans la tombe tous les autres enfants de
Racine. Elle a eu le sort des choses avancées, sort triste, si on
mesure le bonheur au nombre des années.

IV.

ÉLISABETH RACINE (*Babet*) suivit l'exemple de la précédente,
et se fit religieuse au couvent de Notre-Dame de Variville, maison de l'ordre de Fontevrault, au diocèse de Senlis. « Babet
« m'écrit les plus jolies lettres du monde et les plus vives, sans
« beaucoup d'ordre, comme vous pouvez croire, mais entière-
« ment conformes au caractère que vous lui connaissez. » C'est
ainsi que Racine, dans une lettre à Jean-Baptiste, alors à la Haye,
peint en peu de mots sa troisième fille, qui avait quitté récemment *le logis* pour le couvent de Variville.

Élisabeth était belle, spirituelle et vive. Aussi, malgré le désir
qu'elle témoignait d'embrasser la vie religieuse, Racine, craignant
qu'elle ne s'engageât trop légèrement, voulait qu'elle examinât
mûrement sa vocation dans la maison paternelle. Elle y persévéra
cependant, et fit profession l'année qui suivit la mort de son père,
la dernière du dix-septième siècle.

Élisabeth Racine sut rester dans le cloitre ce que la nature l'a-
vait faite, pour l'esprit et pour le cœur ; et protesta hautement
par son exemple contre le reproche d'égoïsme et de petitesse
d'esprit qu'on adresse trop souvent avec injustice aux personnes de sa profession. Elle avait élevé auprès d'elle l'ainée de
ses nièces, Anne Racine [1], qui ne voulait plus la quitter. Mais
elle, au contraire, tout en l'aimant avec tendresse, désirait son éloignement par un motif bien touchant, que L. Racine nous révèle
dans une lettre qu'il écrivait à sa femme le 4 juin 1745, au re-

---

[1] Depuis, madame de Neuville de Saint-Héry.

tour d'un voyage qu'il venait de faire à Variville [1]. « Elle ne m'a
« point demandé ma cadette, *dit-il en parlant de sa sœur*, et je
« devine ses raisons. Quoique je l'aie trouvée en assez bon état,
« elle se croit frappée d'un mal dont elle mourra, et toute sa
« crainte est que sa nièce soit témoin de sa mort. Elle m'a dit
« que, dans sa maladie, c'était sa grande frayeur. Par tendresse
« pour elle, je crois qu'elle ne voudrait plus l'avoir avec elle. »
En lisant ces mots simples et touchants, ne semble-t-il pas entendre une dernière vibration du cœur du tendre Racine?

Les tristes pressentiments d'Élisabeth Racine ne tardèrent
pas à se réaliser ; et sa mort eut lieu dans le pieux asile où
elle était venue abriter sa jeunesse, cette même année 1745, ou
la suivante.

V.

. JEANNE-NICOLE-FRANÇOISE RACINE (*Fanchon*) avait mani-
festé de bonne heure le désir d'aller rejoindre sa sœur de Melun ;
mais elle y renonça pour rester auprès de sa mère, à qui elle
consacra sa vie.

Jeanne-Nicole-Françoise Racine mourut, le 22 septembre 1739,
à l'abbaye de Malnoue, diocèse de Paris, où depuis six ans elle
vivait retirée comme pensionnaire.

VI.

MADELEINE RACINE (*Madelon*) n'avait pas *les mêmes impa-
tiences* que ses sœurs de quitter sa famille pour se faire religieuse, et semblait, au contraire, annoncer beaucoup de goût
pour le monde. « Elle raisonne sur toutes choses avec un esprit
« qui vous surprendrait, et est fort railleuse ; de quoi je lui fais
« souvent la guerre, » écrivait Racine à son fils. Les sages remontrances de son père la corrigèrent de ce défaut, et elle se dégoûta
d'elle-même du monde, qu'elle avait paru aimer dans ses premières
années. Sans le quitter entièrement, elle passa sa vie dans une
retraite volontaire et la pratique des bonnes œuvres, s'occupant

---

[1] Cette lettre est *inédite*.

beaucoup aussi de son frère Louis et de sa famille, pour lesquels elle avait une vive affection. Cœur tendre, esprit charmant, Madeleine Racine n'a vécu que pour le bonheur des autres : c'est le seul qu'ambitionne la vertu. Que ce souvenir protége la faible trace qu'elle a laissée en traversant la vie, et défende sa mémoire de l'oubli ! L. Racine écrivant, le 18 avril 1728, à Marie Presle de l'Écluse, qui allait devenir sa femme quelques jours après, lui parlait ainsi de cette sœur de prédilection :

« Ma sœur m'a chargé de vous remettre de sa part quelques
« pièces d'argenterie utiles dans un ménage ; et comme elle ne
« songe pas moins au spirituel qu'au temporel, elle m'a chargé
« aussi de vous remettre un petit livre intitulé *Conduite d'une*
« *dame chrétienne.* C'est dommage qu'il n'y ait pas un pareil livre
« sur la conduite des hommes, elle me l'aurait aussi donné. Mais
« elle prétend que si vous pratiquez bien tout ce qui est dans ce
« livre, je n'aurai qu'à vous prendre pour modèle, et que votre
« exemple me fera plus d'impression que tous les livres du
« monde [1]. »

Voici à présent, pour compléter sa biographie, une gracieuse lettre *inédite* de Madeleine Racine à madame Racine sa belle-sœur : c'est là tout ce qui reste de son passage assez rapide ici-bas.

« Paris, ce 26 juin 1732.

« J'attendais toujours des nouvelles de l'arrivée de mon frère à Soissons, pour répondre à celle que vous m'avez fait l'amitié de m'écrire, ma très-chère sœur. Son voyage a été bien long, il est resté cinq ou six jours à Naurois ; il a bien fait, car ils en ont été charmés : le lendemain de son départ, ma sœur [2] m'en écrivit une grande lettre, où elle me détaillait toutes les amitiés qu'il lui avait faites, et à ses enfants. Il est donc à Soissons, ce cher mari, occupé à nous y chercher une maison commode : il craint d'avoir de la peine d'en trouver. Il ne me parle pas encore de son voyage de Paris.

« M. Sellier part mardi pour Lyon ; il compte en revenir sur la fin du mois d'août. Je souhaiterais bien, ma chère sœur, que vous pussiez vous arranger pour faire le voyage ensemble : un chapeau ne nuit

[1] Lettre *inédite*, datée de Moulins.
[2] Madame de Morambert, fille aînée de Racine.

point dans une si longue route ; et je suis caution du plaisir qu'il aurait d'être chargé de vous amener en bonne santé.

« L'on m'a détournée lorsque j'écrivais cette lettre ; je n'ai eu le temps de la continuer qu'aujourd'hui. Ma nièce d'Ablancourt [1] est arrivée avec sa petite fille, et sa mère, qu'elle ramène à Paris. Je crois qu'elle s'en retourne demain ; elle est bien contente de la visite de son oncle.

« J'ai reçu avant-hier une lettre de mon frère ; il me mande qu'il ne viendra à Paris qu'à la mi-juillet. Il ne me fait pas espérer de vous voir avant le mois de septembre ou d'octobre ; car il me marque qu'à Lyon l'on ne sèvre pas les enfants avant le mois d'août ; et puis il me dit que votre santé n'est pas bien bonne, qu'il ne sait si vous êtes grosse. Cela me fait craindre que vous ne soyez obligée de rester à Lyon plus longtemps.

« J'ai été hier au soir chez madame du Molin : comme je croyais madame Presle retournée à la campagne, j'étais bien aise de lui faire une visite à elle seule ; mais j'ai trouvé madame votre mère, ses deux filles, et M. votre frère. Je puis vous assurer de leur bonne santé à tous ; madame votre mère avait très-bon visage, et m'a paru fort gaie. Ainsi, ma chère sœur, que les absents ne vous donnent point d'inquiétude. Mon frère craint que vous n'en preniez trop de sa santé ; mais vous auriez tort. S'il était malade à Soissons, je m'y transporterais bien vite ; et puis il viendra bientôt à Paris, et y restera apparemment quelques jours : insensiblement le temps de notre séparation se passera.

« Sans doute vous aurez su à Lyon les grandes affaires du parlement [2] : elles ne sont pas encore terminées ; l'on espère que cela finira bien. Mademoiselle Presle, pour me faire niche, veut me faire exiler à Soissons ; je l'ai priée d'attendre que vous y fussiez. J'attends ce temps avec empressement, ma très-chère sœur, pour pouvoir vous témoigner par moi-même l'attachement avec lequel je suis

« Votre très-humble et très-obéissante servante,

« RACINE. »

Madeleine Racine mourut le 7 janvier 1741 ; elle était née en 1688.

[1] Madame de Naurois d'Ablancourt, fille de madame de Morambert.
[2] Le mandement de l'archevêque de Paris, monseigneur de Vintimille, contre les *Nouvelles Ecclésiastiques,* avait fait naître de graves discussions

Madeleine Racine et Jeanne-Nicole-Françoise, qui venait immédiatement avant elle, n'avaient que dix à douze ans lorsqu'elles perdirent leur illustre père.

Les quatre dernières filles de Racine ne sont connues dans ses *lettres* que sous les noms de *Nanette*, *Babet*, *Fanchon* et *Madelon*; noms familiers et vulgaires, mais embellis par les grâces naïves, et consacrés par le génie. Si l'éclat qui environne le noble et sublime poëte nous éblouit, un charme indéfinissable nous attire vers le père de famille si simple et si tendre, qui met son bonheur à se voir entouré de *Nanette*, *Babet*, *Fanchon* et *Madelon*. Filles charmantes, aimables sœurs, à présent que la tâche de votre biographe est finie, reprenez ces noms qui font votre gloire : vous les conserverez toujours! Oui, toujours vos noms modestes et aimés brilleront à côté de ceux d'Andromaque, Junie, Monime et Iphigénie, qui sont aussi vos sœurs. L'humble violette n'est-elle pas sœur de la rose, orgueil de nos jardins [1] ?

VII.

Louis Racine, le plus jeune des sept enfants de Racine, ayant été l'objet d'un travail particulier (voir sa *Vie*), ne figure ici que pour mémoire.

entre le parlement, qui voulait condamner ce mandement, et l'autorité royale, qui défendait à la magistrature de s'occuper, sans une autorisation spéciale, de la discipline ecclésiastique. Le parlement fut exilé, et ces dissensions, commencées au mois de mai 1752, ne se terminèrent qu'à la fin de novembre de la même année.

[1] Les filles de Racine avaient vu toutes les illustrations du beau siècle de Louis XIV, et elles étaient dignes de les apprécier. Mais il n'est pas sans intérêt de connaître l'impression qu'elles avaient gardée de la personne du plus ancien ami de leur père, du bon la Fontaine : « Autant il « était aimable par la douceur de son caractère, dit Louis Racine, autant « il l'était peu par les agréments de la société. Il n'y mettait jamais rien du « sien ; et mes sœurs, qui, dans leur jeunesse, l'ont vu souvent à table chez « mon père, n'ont conservé de lui d'autre idée que celle d'un homme « fort malpropre et fort ennuyeux. Il ne parlait point, ou voulait toujours « parler de Platon, dont il avait fait une étude particulière dans la tra- « duction latine. » (*Mémoires de L. Racine sur la vie de son père.*)

Un ancien notaire de Paris, bien connu par son amour pour les livres, M. Boulard, publia, en 1824, une *Notice sur les descendants de Jean Racine,* laquelle trouve ici naturellement sa place. Ce n'est guère qu'une nomenclature de noms et de dates ; mais elle offre quelque intérêt, parce qu'elle a été rédigée d'après les divers actes concernant la famille Racine, qui existaient en original dans l'étude de M. Boulard. Avant de mettre cette pièce sous les yeux des lecteurs, nous la ferons précéder d'une courte *Notice sur les ascendants de Jean Racine,* afin de réunir dans un tableau succinct tout ce qui a rapport à l'origine et à la postérité de ce grand homme.

NOTICE

SUR LES ASCENDANTS DE JEAN RACINE.

I.

JEAN RACINE, receveur, pour le roi et la reine, du domaine et duché de Valois [1], ainsi que des greniers à sel de la Ferté-Milon et Crépy, épousa dame Anne Gosset. Il mourut en 1593, et sa tombe se voyait encore, au siècle dernier, dans la principale église de la Ferté-Milon. Il eut un fils, nommé comme lui Jean Racine, et dont l'article suit.

[1] Le Valois comprenait les villes et territoires de Crépy, Senlis, Compiègne, Villers-Cotterets, la Ferté-Milon, et Chantilly.

II.

JEAN RACINE, contrôleur du grenier à sel de la Ferté-Milon, décéda en cette ville au mois de septembre 1650. Il avait épousé Marie Desmoulins, qui mourut le 12 août 1662, à Port-Royal des Champs, où elle s'était retirée. De ce mariage étaient nés :

1° *Jean* Racine, troisième du nom, qui a continué la famille.

2° *Jean-François* Racine, mort à la Ferté-Milon à la fin de 1697, ou dans les premiers jours de l'année suivante.

3° *Agnès* Racine, religieuse puis abbesse de Port-Royal des Champs, appelée en religion *la mère Agnès de Sainte-Thècle Racine*, et morte à la fin de 1699.

III.

JEAN RACINE, fils aîné du précédent, après avoir servi quelque temps comme *cadet* dans le régiment des gardes du roi, revint dans sa ville natale, et y exerça la charge de conseiller du roi, contrôleur du grenier à sel. Il décéda à la Ferté-Milon plusieurs années avant son père, le 6 février 1643. Il avait épousé, le 12 septembre 1638, *Jeanne Sconin* [1], qui mourut avant lui, le 24 janvier 1641, laissant un fils, et une fille au berceau.

Le fils de Jean Racine, IIIe du nom, et de Jeanne Sconin, tous

---

[1] Jeanne Sconin, mère de Racine, était fille de Pierre Sconin, procureur du roi en la maîtrise des eaux et forêts de Villers-Cotterets, et sœur du père Sconin, qui, après avoir été général de l'ordre des Chanoines réguliers de la congrégation de France, se retira à Uzès, où il obtint la seconde dignité du chapitre, et le prieuré de Saint-Maximin. Ce religieux devint par ses connaissances théologiques, et sa grande habitude des affaires, l'âme de l'administration du diocèse d'Uzès, en qualité d'official et de vicaire général de François-Adhémar de Monteil-Grignan, qui en était alors évêque. C'est de cet évêque que madame de Sévigné disait qu'elle « n'avait jamais vu un homme ni d'un meilleur esprit ni d'un meilleur « conseil, tout cela mêlé d'un petit brin d'impétuosité, qui était chez les « Grignan la vraie marque de l'ouvrier. » On sait que Racine, dans sa jeunesse, passa quelque temps à Uzès auprès du père Sconin, frère de sa mère, qui voulait lui résigner son canonicat. Un autre frère de Jeanne Sconin appartenait aussi à la congrégation de France, sous le nom de *dom Cosme ;* il en est question dans les *lettres de Racine*. Un troisième, resté dans le monde, fut père de M. Sconin d'Arginvilliers, cousin germain de Racine, qui devint, vers la fin du règne de Louis XIV, commissaire provincial des guerres de la généralité de Paris. Racine le nomme également dans ses *lettres*.

les deux morts à la fleur de leur âge , s'appelait aussi *Jean* comme
ses pères. C'est le grand poëte, dont la gloire devait rejaillir et sur
ceux dont il avait reçu le jour, et sur ceux à qui il devait le donner [1].

Il reste à faire connaître à présent cette dernière partie de la
famille de Racine, qui compte de nombreux rejetons.

NOTICE

SUR LES DESCENDANTS DE JEAN RACINE,

MEMBRE DE L'ACADÉMIE FRANÇAISE;

PAR M. A.-M.-H. BOULARD.

—

(Extrait du Bulletin des sciences historiques, Philologie, Éthnographie,
juillet 1824, n° 79.)

JEAN RACINE, né à la Ferté-Milon, le 12 décembre 1639, de Jean
Racine, contrôleur du grenier à sel, et de Jeanne Sconin, mourut
le 21 avril 1699, à cinquante-neuf ans. Il fut marié en 1677 avec
Catherine de Romanet, fille d'un trésorier de France, et eut six
enfants de ce mariage [2].

[1] Racine avait une sœur qui s'appelait *mademoiselle* Rivière, quoiqu'elle
fût mariée. L'usage du temps ne permettait de donner le titre de *madame*
qu'aux personnes qui appartenaient à la noblesse; celui de *mademoiselle*
était le seul que les femmes de la bourgeoisie pussent porter. C'est ainsi
que la femme de la Fontaine s'appelait *mademoiselle* de la Fontaine.
Cette distinction, alors dans toute sa force, disparut entièrement dans le
cours du siècle suivant.

Quant à mademoiselle Rivière, dont le mari était contrôleur du grenier à sel de la Ferté-Milon, elle mourut en 1732, âgée de quatre-vingt-
douze ans.

Le comte Pille, qui, après avoir été secrétaire de l'intendance de
Bourgogne, devint, pendant la révolution, ministre de la guerre sous le
titre de *commissaire général*, puis général de division sous le gouvernement impérial, était arrière-petit-fils de *mademoiselle* Rivière.

[2] J. Racine a laissé *sept* enfants, et non *six*, comme le dit par erreur
M. Boulard.

Les voici dans l'ordre de leur naissance :

1° *Jean-Baptiste* Racine, mort garçon le 31 janvier 1747.

2° *Marie-Catherine*, mariée à Pierre-Claude Colin de Morambert le 5 juin 1699, et morte le 6 décembre 1751.

La famille de M. Jacobé de Naurois, ancien directeur de la manufacture des glaces, à Paris, descend de ladite Marie-Catherine, épouse de M. Colin de Morambert.

3° *Anne* Racine, morte religieuse au couvent de Notre-Dame de Variville [1].

4° *Jeanne-Nicole-Françoise*, morte fille le 22 septembre 1739, à l'abbaye de Malnoüe, où elle était pensionnaire depuis six ans.

5° *Madeleine*, morte fille le 7 janvier 1741.

6° *Louis* Racine, auteur du poëme de la *Religion*, etc., né le 6 novembre 1692, marié à Marie Presle de l'Écluse, et décédé le 29 janvier 1763.

Le contrat de mariage de Louis Racine a été passé devant M⁰ Sellier, notaire à Paris, le 1er avril 1728.

Il a eu, de cette union, un fils et deux filles.

Le fils périt sur la plage de Cadix, le 1er novembre 1755, dans la violente secousse de tremblement de terre qui renversa Lisbonne.

Les deux filles se marièrent. L'aînée, *Anne* Racine, épousa Louis-Grégoire Mirleau de Neuville, écuyer [2]. Son contrat a été passé devant M⁰ Boulard, notaire à Paris, le 13 janvier 1746.

La seconde, *Marie-Anne* Racine, a été mariée à Jacques-Bernard d'Hariague. Son contrat de mariage a été passé devant M⁰ Boulard, notaire, le 17 septembre 1752.

---

[1] Par suite de cette première erreur qui ne lui fait compter que six enfants dans la famille de Racine, M. Boulard a confondu dans cet article les deux filles qui étaient religieuses. Anne (*Nanette*), qu'il nomme à son rang, était aux Ursulines de Melun, et non à Variville. C'est Élisabeth (*Babet*), dont il ne parle pas, qui était à Variville. Cette dernière mourut en 1745 ou 1746.

[2] Seigneur *des Radrets*, d'Illiers, etc.

PREMIÈRE BRANCHE DES FILLES DE LOUIS RACINE.

Madame de Neuville, nommée depuis de Saint-Héry des Radrets, a eu de son mariage un fils et trois filles.

Le fils est marié, et a une nombreuse famille.

Une des filles de madame de Neuville des Radrets a épousé M. de Trémault, qui a laissé deux fils, Auguste et Hippolyte de Trémault.

Une seconde fille de madame de Neuville des Radrets a été mariée au comte de Taillevis de Jupeaux[1], mort, en 1816, contre-amiral en retraite.

De ce mariage sont issus :

1° *Louis*, comte de Taillevis de Jupeaux, chevalier de Saint-Louis, marié à la Martinique avec mademoiselle Gallet de Saint-Aurin, dont il a un fils et une fille;

2° *Charlotte* de Taillevis de Jupeaux, mariée au comte Joseph de Gomer, chevalier de Saint-Louis, dont elle a plusieurs enfants;

3° *Anne-Pauline* de Taillevis de Jupeaux, mariée au baron Joseph de la Roque[2], chevalier de Saint-Louis et de la Légion d'honneur, duquel dernier mariage sont issus plusieurs enfants, savoir :

1° *Gabriel-Charles* de la Roque,

2° *Antoinette-Françoise-Joséphine* de la Roque,

3° *Adrien-Alexandre-Antoine* de la Roque,

4° *Hippolyte-Louis* de la Roque.

[1] Frère du brave capitaine de vaisseau Taillevis de Perrigny, qui périt glorieusement en 1757 dans un combat contre les Anglais. (Voir son article dans la *Biographie universelle*, tome XXXIII, page 423.)

[2] Voir son article dans la *Biographie universelle*, tome LXXIX, page 407.

DEUXIÈME BRANCHE DES FILLES DE LOUIS RACINE.

Madame d'Hariague a eu une fille, qui fut mariée à M. d'Hariague, son cousin germain.

Cette seconde madame d'Hariague a eu de son mariage deux fils et une fille.

Voyez, sur la mort de madame de Neuville de Saint-Héry des Radrets, le *Magasin encyclopédique*, an 1806, tome II, page 404, et l'excellente *Table du Magasin*, en 4 volumes, par M. Sajou.

TABLE.

www.ingramcontent.com/pod-product-compliance
Ingram Content Group UK Ltd.
Pitfield, Milton Keynes, MK11 3LW, UK
UKHW020020100726
13658UKWH00003B/1007